LE ROMAN
DE LA MOMIE

PAR

THÉOPHILE GAUTIER

DEUXIÈME ÉDITION

PARIS
LIBRAIRIE DE L. HACHETTE ET Cie
RUE PIERRE-SARRAZIN, 14

1859

Droit de traduction réservé

LE ROMAN
DE LA MOMIE

PARIS. — IMP. SIMON RAÇON ET COMP., RUE D'ERFURTH, 1.

A

M. ERNEST FEYDEAU

Je vous dédie ce livre, qui vous revient de droit; en m'ouvrant votre érudition et votre bibliothèque, vous m'avez fait croire que j'étais savant et que je connaissais assez l'antique Égypte pour la décrire; sur vos pas je me suis promené dans les temples, dans les palais, dans les hypogées, dans la cité vivante et dans la cité morte; vous avez soulevé devant moi le voile de la mystérieuse Isis et ressuscité une gigantesque civilisation disparue. L'histoire est de vous, le roman est de moi; je n'ai eu qu'à réunir par mon style, comme par un ciment de mosaïque, les pierres précieuses que vous m'apportiez.

Th. G.

LE ROMAN
DE LA MOMIE.

PROLOGUE.

« J'ai un pressentiment que nous trouverons dans la vallée de Biban-el-Molouk une tombe inviolée, disait à un jeune Anglais de haute mine un personnage beaucoup plus humble, en essuyant d'un gros mouchoir à carreaux bleus son front chauve, où perlaient des gouttes de sueur, comme s'il eût été modelé en argile poreuse et rempli d'eau ainsi qu'une gargoulette de Thèbes.

— Qu'Osiris vous entende! répondit au docteur allemand le jeune lord : c'est une invocation qu'on peut se permettre en face de l'ancienne *Diospolis magna*; mais bien des fois déjà nous avons été déçus; les chercheurs de trésors nous ont toujours devancés.

— Une tombe que n'auront fouillée ni les rois pasteurs, ni les Mèdes de Cambyse, ni les Grecs, ni les Romains, ni les Arabes, et qui nous livre ses richesses intactes et son mystère vierge, continua le savant en sueur avec un enthousiasme qui faisait pétiller ses prunelles derrière les verres de ses lunettes bleues.

— Et sur laquelle vous publierez une dissertation des plus érudites, qui vous placera dans la science à côté des Champollion, des Rosellini, des Wilkinson, des Lepsius et des Belzoni, dit le jeune lord.

— Je vous la dédierai, milord, je vous la dédierai : car, sans vous, qui m'avez traité avec une munificence royale, je n'aurais pu corroborer mon système par la vue des monuments, et je serais mort dans ma petite ville d'Allemagne sans avoir contemplé les merveilles de cette terre antique, » répondit le savant d'un ton ému.

Cette conversation avait lieu non loin du Nil, à l'entrée de la vallée de Biban-el-Molouk, entre le lord Evandale, monté sur un cheval arabe, et le docteur Rumphius, plus modestement juché sur un âne dont un fellah bâtonnait la maigre croupe; la cange qui avait amené les deux voyageurs, et qui pendant leur séjour devait leur servir de logement, était amarrée de l'autre côté du Nil, devant le village de Louqsor, ses avirons parés, ses grandes voiles triangulaires roulées et liées aux vergues. Après avoir consacré quelques jours à la visite et à l'étude des stupéfiantes ruines de Thèbes, débris gigantesques d'un monde démesuré, ils avaient passé le fleuve sur un sandal (embarcation légère du pays), et se dirigeaient vers l'aride chaîne qui renferme dans son sein, au fond de mystérieux hypogées, les anciens habitants des palais de l'autre rive; quelques hommes de l'équipage accompagnaient à distance lord Evandale et le docteur Rumphius, tandis que les autres, étendus sur le pont à l'ombre de la cabine, fumaient paisiblement leur pipe tout en gardant l'embarcation.

Lord Evandale était un de ces jeunes Anglais irréprochables de tout point, comme en livre à la civilisation la haute vie britannique : il portait partout avec lui la sécurité dédaigneuse que donnent une grande fortune héréditaire, un nom historique inscrit sur le livre du *Peerage and Baronetage*, cette seconde Bible de l'Angleterre, et une beauté dont on ne pouvait rien dire, sinon qu'elle était trop parfaite pour un homme. En effet, sa tête pure, mais froide, semblait une copie en cire de la tête du Méléagre ou de l'Antinoüs. Le rose de ses lèvres et de ses joues avait l'air d'être produit par du carmin et du fard, et ses cheveux d'un blond foncé frisaient naturellement, avec toute la correction qu'un coiffeur émérite ou un habile valet de chambre eussent pu leur imposer. Cependant le regard ferme de ses prunelles d'un bleu d'acier et le léger mouvement de *sneer* qui faisait proéminer sa lèvre inférieure corrigeaient ce que cet ensemble aurait eu de trop efféminé.

Membre du club des Yachts, le jeune lord se permettait de temps à autre le caprice d'une excursion sur son léger bâtiment appelé *Puck*, construit en bois de teck, aménagé comme un boudoir et conduit par un équipage peu nombreux, mais composé de marins choisis. L'année précédente il avait visité l'Islande; cette année il visitait l'Égypte, et son yacht l'attendait dans la rade d'Alexandrie; il avait emmené avec lui un savant, un médecin, un naturaliste, un dessinateur et un photographe, pour que sa promenade ne fût pas inutile; lui-même était fort instruit, et ses succès du monde n'avaient pas fait oublier ses triomphes à l'université de Cambridge. Il était habillé avec cette rectitude et cette propreté méticuleuse caractéristique des Anglais qui arpentent les sables du désert dans la même tenue qu'ils auraient en se promenant sur la jetée de Ramsgate ou sur les larges trottoirs du West-End. Un paletot, un gilet et un pantalon de coutil blanc, destinés à répercuter les rayons solaires, composaient son costume, que complétaient une étroite cravate bleue à pois blancs, et un chapeau de Panama d'une extrême finesse garni d'un voile de gaze.

Rumphius, l'égyptologue, conservait, même sous ce brûlant climat, l'habit noir traditionnel du savant avec ses pans flasques, son collet recroquevillé, ses boutons éraillés, dont quelques-uns s'étaient échappés de leur capsule de soie. Son pantalon noir luisait par places et laissait voir la trame; près du genou droit, l'observateur attentif eût remarqué sur le fond grisâtre de l'étoffe un travail régulier de hachures d'un ton plus vigoureux, qui témoignait chez le savant de l'habitude d'essuyer sa plume trop chargée d'encre sur cette partie de son vêtement; sa cravate de mousseline roulée en corde flottait lâchement autour de son col, remarquable par la forte saillie de ce cartilage appelé par les bonnes femmes la pomme d'Adam. S'il était vêtu avec une négligence scientifique, en revanche Rumphius n'était pas beau : quelques cheveux roussâtres, mélangés de fils gris, se massaient derrière ses oreilles écartées et se rebellaient contre le collet beaucoup trop haut de son habit;

son crâne, entièrement dénudé, brillait comme un os et surplombait un nez d'une prodigieuse longueur, spongieux et bulbeux du bout, configuration qui, jointe aux disques bleuâtres formés par les lunettes à la place des yeux, lui donnait une vague apparence d'ibis, encore augmentée par l'engoncement des épaules : aspect tout à fait convenable d'ailleurs et presque providentiel pour un déchiffreur d'inscriptions et de cartouches hiéroglyphiques. On eût dit un Dieu ibiocéphale, comme on en voit sur les fresques funèbres, confiné dans un corps de savant par suite de quelque transmigration.

Le lord et le docteur cheminaient vers les rochers à pic qui enserrent la funèbre vallée de Biban-el-Molouk, la nécropole royale de l'ancienne Thèbes, tenant la conversation dont nous avons rapporté quelques phrases, lorsque, sortant comme un troglodyte de la gueule noire d'un sépulcre vide, habitation ordinaire des fellahs, un nouveau personnage, vêtu d'une façon assez théâtrale, fit brusquement son entrée en scène, se posa devant les voyageurs et les salua de ce gracieux salut des Orientaux, à la fois humble, caressant et digne.

C'était un Grec, entrepreneur de fouilles, marchand et fabricant d'antiquités, vendant du neuf au besoin à défaut de vieux. Rien en lui, d'ailleurs, ne sentait le vulgaire et famélique exploiteur d'étrangers. Il portait le tarbouch de feutre rouge, inondé par derrière d'une longue houppe de soie floche bleue, et laissant voir, sous l'étroit liséré blanc d'une première calotte de toile piquée, des tempes rasées aux tons de barbe fraîchement faite. Son teint olivâtre, ses sourcils noirs, son nez crochu, ses yeux d'oiseau de proie, ses grosses moustaches, son menton presque séparé par une fossette qui avait l'air d'un coup de sabre, lui eussent donné une authentique physionomie de brigand, si la rudesse de ses traits n'eût été tempérée par l'aménité de commande et le sourire servile du spéculateur fréquemment en rapport avec le public. Son costume était fort propre : il consistait en une veste cannelle soutachée en soie de même couleur, des cnémides ou guêtres d'étoffe pareille, un gilet blanc orné de boutons semblables à des fleurs de camomille, une large ceinture rouge et d'immenses grègues aux plis multipliés et bouffants.

Ce Grec observait depuis longtemps la cange à l'ancre devant Louqsor. A la grandeur de la barque, au nombre des rameurs, à la magnificence de l'installation, et surtout au pavillon d'Angleterre placé à la poupe, il avait subodoré avec son instinct mercantile quelque riche voyageur dont on pouvait exploiter la curiosité scientifique, et qui ne se contenterait pas des statuettes en pâte émaillée bleue ou verte, des scarabées gravés, des estampages en papier des panneaux hiéroglyphiques, et autres menus ouvrages de l'art égyptien.

Il suivait les allées et les venues des voyageurs à travers les ruines, et, sachant qu'ils ne manqueraient pas, après avoir satisfait leur curiosité, de passer le fleuve pour visiter les hypogées royaux, il les attendait sur son terrain, certain de leur tirer poil ou plume; il regardait tout ce domaine funèbre comme sa propriété, et malmenait fort les petits chacals subalternes qui s'avisaient de gratter dans les tombeaux.

Avec la finesse particulière aux Grecs, d'après l'aspect de lord Evandale, il additionna rapidement les revenus probables de Sa Seigneurie, et résolut de ne pas le tromper, calculant qu'il retirerait plus d'argent de la vérité que du mensonge. Aussi renonça-t-il à l'idée de promener le noble Anglais dans des hypogées déjà cent fois parcourus, et dédaigna-t-il de lui faire entreprendre des fouilles à des endroits où il savait qu'on ne trouverait rien, pour en avoir extrait lui-même depuis longtemps et vendu fort cher ce qu'il y avait de curieux. Argyropoulos (c'était le nom du Grec), en explorant les recoins de la vallée moins souvent sondés que les autres, parce que jusque-là les recherches n'avaient été suivies d'aucune trouvaille, s'était dit qu'à une certaine place, derrière des rochers dont l'arrangement semblait dû au hasard, existait certainement l'entrée d'une syringe masquée avec un soin tout particulier, et que sa grande expérience en ce genre de perquisition lui avait fait reconnaître à mille indices imperceptibles pour des yeux moins clairvoyants que les siens, clairs et perçants comme ceux des gypaètes perchés sur l'entablement des temples. Depuis deux ans qu'il avait fait cette découverte, il s'était astreint à ne jamais porter ses pas ni ses regards de ce côté-là, de peur de donner l'éveil aux violateurs de tombeaux.

« Votre Seigneurie a-t-elle l'intention de se livrer à quelques recherches ? » dit le Grec Argyropoulos dans une sorte de patois cosmopolite dont nous n'essayerons pas de reproduire la syntaxe bizarre et les consonnances étranges, mais que s'imagineront sans peine ceux qui ont parcouru les Échelles du Levant et ont dû avoir recours aux services de ces drogmans polyglottes qui finissent par ne savoir aucune langue. Heureusement lord Evandale et son docte compagnon connaissaient tous les idiomes auxquels Argyropoulos faisait des emprunts. « Je puis mettre à votre disposition une centaine de fellahs intrépides qui, sous l'impulsion du courbach et du baschich, gratteraient avec leurs ongles la terre jusqu'au centre. Nous pourrons tenter, si cela convient à Votre Seigneurie, de déblayer un sphinx enfoui, de désobstruer un naos, d'ouvrir un hypogée... »

Voyant que le lord restait impassible à cette alléchante énumération, et qu'un sourire sceptique errait sur les lèvres du savant, Argyropoulos comprit qu'il n'avait pas affaire à des dupes faciles, et il se confirma dans l'idée de vendre à l'Anglais la trouvaille sur laquelle il comptait pour parfaire sa petite fortune et doter sa fille.

« Je devine que vous êtes des savants, et non de simples voyageurs, et que de vulgaires curiosités ne sauraient vous séduire, continua-t-il en parlant un anglais beaucoup moins mélangé de grec, d'arabe et d'italien. Je vous révélerai une tombe qui jusqu'ici a échappé aux investigations des chercheurs, et que nul ne connaît hors moi; c'est un trésor que j'ai précieusement gardé pour quelqu'un qui en fût digne.

— Et à qui vous le ferez payer fort cher, dit le lord en souriant.

— Ma franchise m'empêche de contredire Votre Seigneurie : j'espère retirer un bon prix de ma découverte; chacun vit, en ce monde, de sa petite industrie : je déterre des Pharaons, et je les vends aux étrangers. Le Pharaon se fait rare, au train dont on y va : il n'y en a pas pour tout le monde. L'article est demandé, et l'on n'en fabrique plus depuis longtemps.

— En effet, dit le savant, il a quelques siècles que les colchytes, les paraschites et les tarischeutes ont fermé boutique, et que les Memnonia, tranquilles quartiers des morts, ont été désertés par les vivants. »

Le Grec, en entendant ces paroles, jeta sur l'Allemand un regard oblique; mais, jugeant, au délabrement de ses habits, qu'il n'avait pas voix délibérative au chapitre, il continua à prendre le lord pour unique interlocuteur.

« Pour un tombeau de l'antiquité la plus haute, milord, et que nulle main humaine n'a troublé depuis plus de trois mille ans que les prêtres ont roulé des rochers devant son ouverture, mille guinées, est-ce trop? En vérité, c'est pour rien : car peut-être renferme-t-il des masses d'or, des colliers de diamants et de perles, des boucles d'oreilles d'escarboucle, des cachets en saphir, d'anciennes idoles de métal précieux, des monnaies dont on pourrait tirer un bon parti.

— Rusé coquin, dit Rumphius, vous faites valoir votre marchandise; mais vous savez mieux que personne qu'on ne trouve rien de tel dans les sépultures égyptiennes. »

Argyropoulos, comprenant qu'il avait affaire à forte partie, cessa ses hâbleries, et, se tournant du côté d'Evandale, il lui dit :

« Eh bien, milord, le marché vous convient-il?

— Va pour mille guinées, répondit le jeune lord, si la tombe n'a jamais été ouverte, comme vous le prétendez; et rien ... si une seule pierre a été remuée par la pince des fouilleurs.

— Et à condition, ajouta le prudent Rumphius, que nous emporterons tout ce qui se trouvera dans le tombeau.

— J'accepte, dit Argyropoulos avec un air de complète assurance; Votre Seigneurie peut apprêter d'avance ses banknotes et son or.

— Mon cher monsieur Rumphius, dit lord Evandale à son acolyte, le vœu que vous formiez tout à l'heure me paraît près de se réaliser; ce drôle semble sûr de son fait.

— Dieu le veuille! répondit le savant en faisant remonter et redescendre plusieurs fois le collet de son habit le long de son crâne par un mouvement dubitatif et pyrrhonien ; les Grecs des îles sont de si effrontés menteurs ! *Cretæ mendaces*, affirme le dicton.

— Celui-ci est sans doute un Grec de la terre ferme, dit lord Evandale, et je pense que pour cette fois seulement il a dit la vérité. »

Le directeur des fouilles précédait le lord et le savant de quelques pas, en personne bien élevée et qui sait les convenances ; il marchait d'un pas allègre et sûr, comme un homme qui se sent sur son terrain.

On arriva bientôt à l'étroit défilé qui donne entrée dans la vallée de Biban-el-Molouk. On eût dit une coupure pratiquée de main d'homme à travers l'épaisse muraille de la montagne, plutôt qu'une ouverture naturelle, comme si le génie de la solitude avait voulu rendre inaccessible ce séjour de la mort.

Sur les parois à pic de la roche tranchée, l'œil discernait vaguement d'informes restes de sculptures rongés par le temps et qu'on eût pu prendre pour des aspérités de la pierre, singeant les personnages frustes d'un bas-relief à demi effacé.

Au delà du passage, la vallée, s'élargissant un peu, présentait le spectacle de la plus morne désolation.

De chaque côté s'élevaient en pentes escarpées

des masses énormes de roches calcaires, rugueuses, lépreuses, effritées, fendillées, pulvérulentes, en pleine décomposition sous l'implacable soleil. Ces roches ressemblant à des ossements de mort calcinés au bûcher bâillaient l'ennui de l'éternité par leurs lézardes profondes, et imploraient par leurs mille gerçures la goutte d'eau qui ne tombe jamais; leurs parois montaient presque verticalement à une grande hauteur et déchiraient leurs crêtes irrégulières d'un blanc grisâtre sur un fond de ciel indigo presque noir, comme les créneaux ébréchés d'une gigantesque forteresse en ruine.

Les rayons du soleil chauffaient à blanc l'un des côtés de la vallée funèbre, dont l'autre était baigné de cette teinte crue et bleue des pays torrides qui paraît invraisemblable dans les pays du Nord lorsque les peintres la reproduisent, et qui se découpe aussi nettement que les ombres portées d'un plan d'architecture.

La vallée se prolongeait, tantôt faisant des coudes, tantôt s'étranglant en défilés, selon que les blocs et les mamelons de la chaîne bifurquée faisaient saillie ou retraite. Par une particularité de ces climats, où l'atmosphère, entièrement privée d'humidité, reste d'une transparence parfaite, la perspective aérienne n'existait pas pour ce théâtre de désolation; tous les détails nets, précis, arides, se dessinaient, même aux derniers plans, avec une impitoyable sécheresse, et leur éloignement ne se devinait qu'à la petitesse de leur dimension, comme si la nature cruelle n'eût voulu cacher aucune misère, aucune tristesse de cette terre décharnée, plus morte encore que les morts qu'elle renfermait.

Sur la paroi éclairée ruisselait en cascade de feu une lumière aveuglante comme celle qui émane des métaux en fusion. Chaque plan de roche, métamorphosé en miroir ardent, la renvoyait plus brûlante encore. Ces réverbérations croisées, jointes aux rayons cuisants qui tombaient du ciel et que le sol répercutait, développaient une chaleur égale à celle d'un four, et le pauvre docteur allemand ne pouvait suffire à éponger l'eau de sa figure avec son mouchoir à carreaux bleus, trempé comme s'il eût été plongé dans l'eau.

L'on n'eût pas trouvé dans toute la vallée une pincée de terre végétale; aussi pas un brin d'herbe, pas une ronce, pas une liane, pas même une plaque de mousse ne venait interrompre le ton uniformément blanchâtre de ce paysage torréfié. Les fentes et les anfractuosités de ces roches n'avaient pas assez de fraîcheur pour que la moindre plante pariétaire pût y suspendre sa mince racine chevelue. On eût dit les tas de cendres restés sur place d'une chaîne de montagnes brûlée au temps des catastrophes cosmiques, dans un grand incendie planétaire : pour compléter l'exactitude de la comparaison, de larges zébrures noires, pareilles à des cicatrices de cautérisation, rayaient le flanc crayeux des escarpements.

Un silence absolu régnait sur cette dévastation ; aucun frémissement de vie ne le troublait, ni palpitation d'aile, ni bourdonnement d'insecte, ni fuite de lézard ou de reptile ; la cigale même, cette amie des solitudes embrasées, n'y faisait pas résonner sa grêle cymbale.

Une poussière micacée, brillante, pareille à du grès broyé, formait le sol, et de loin en loin s'arrondissaient des monticules provenant des éclats de pierre arrachés aux profondeurs de la chaîne excavée par le pic opiniâtre des générations disparues et le ciseau des ouvriers troglodytes préparant dans l'ombre la demeure éternelle des morts. Les entrailles émiettées de la montagne avaient produit d'autres montagnes, amoncellement friable de petits fragments de roc, qu'on eût pu prendre pour une chaîne naturelle.

Dans les flancs du rocher s'ouvraient çà et là des bouches noires entourées de blocs de pierre en désordre, des trous carrés flanqués de piliers historiés d'hiéroglyphes, et dont les linteaux portaient des cartouches mystérieux où se distinguaient dans un grand disque jaune le scarabée sacré, le soleil à tête de bélier, et les déesses Isis et Nephtys agenouillées ou debout.

C'étaient les tombeaux des anciens rois de Thèbes; mais Argyropoulos ne s'y arrêta pas, et conduisit ses voyageurs, par une espèce de rampe qui ne semblait d'abord qu'une écorchure au flanc de la montagne, et qu'interrompaient plusieurs fois des masses éboulées, à une sorte d'étroit plateau, de corniche en saillie sur la paroi verticale, où les rochers, en apparence groupés au hasard, avaient pourtant, en y regardant bien, une espèce de symétrie.

Lorsque le lord, rompu à toutes les prouesses de la gymnastique, et le savant, beaucoup moins agile, furent parvenus à se hisser auprès de lui, Argyropoulos désigna de sa badine une énorme pierre, et dit d'un air de satisfaction triomphale : « C'est là ! »

Argyropoulos frappa dans ses mains à la manière orientale, et aussitôt des fissures du roc, des replis de la vallée, accoururent en toute hâte des fellahs hâves et déguenillés, dont les bras, couleur de bronze, agitaient des leviers, des pics, des marteaux, des échelles et tous les instruments nécessaires ; ils escaladèrent la pente escarpée comme une légion de noires fourmis. Ceux qui ne pouvaient trouver place sur l'étroit plateau occupé déjà par l'entrepreneur de fouilles, lord Evandale et le docteur Rumphius, se retenaient des ongles et s'arc-boutaient des pieds aux rugosités de la roche.

Le Grec fit signe à trois des plus robustes, qui glissèrent leurs leviers sous la plus grosse masse de rocher. Leurs muscles saillaient comme des cordes sur leurs bras maigres, et ils pesaient de tout leur poids au bout de leur barre de fer. Enfin la masse s'ébranla, vacilla quelques instants comme un homme ivre, et, poussée par les efforts réunis d'Argyropoulos, de lord Evandale, de Rumphius, et de quelques Arabes qui étaient parvenus à se jucher sur le plateau, roula en rebondissant le long de la pente. Deux autres blocs de moindre dimension furent successivement écartés, et alors on put juger combien les prévisions du Grec étaient justes. L'entrée d'un tombeau qui avait évidemment échappé aux investigations des chercheurs de trésors apparut dans toute son intégrité.

C'était une sorte de portique creusé carrément dans le roc vif : sur les parois latérales, deux piliers couplés présentaient leurs chapiteaux formés de têtes de vache, dont les cornes se contournaient en croissant isiaque.

Au-dessus de la porte basse, aux jambages
flanqués de longs panneaux d'hiéroglyphes, se
développait un large cadre emblématique; au
centre d'un disque de couleur jaune se voyait,
à côté d'un scarabée, signe des renaissances successives, le dieu à tête de bélier, symbole du soleil
couchant. En dehors du disque, Isis et Nephtys,
personnifications du commencement et de la fin,
se tenaient agenouillées, une jambe repliée sous la
cuisse, l'autre relevée à la hauteur du coude, selon la posture égyptienne, les bras étendus en
avant avec une expression d'étonnement mystérieux, et le corps serré d'un pagne étroit que
sanglait une ceinture dont les bouts retombaient.

Derrière un mur de pierrailles et de briques
crues qui céda promptement au pic des travailleurs, on découvrit la dalle de pierre qui formait
la porte du monument souterrain.

Sur le cachet d'argile qui la scellait, le docteur
allemand, familier avec les hiéroglyphes, n'eut pas
de peine à lire la devise du colchyte surveillant
des demeures funèbres qui avait à jamais fermé
ce tombeau, dont lui seul eût pû retrouver l'em-
placement mystérieux sur la carte des sépultures
conservée au collége des prêtres.

« Je commence à croire, dit au jeune lord le

savant transporté de joie, que nous tenons véritablement la pie au nid, et je retire l'opinion défavorable que j'avais émise sur le compte de ce brave Grec.

— Peut-être nous réjouissons-nous trop tôt, répondit lord Evandale, et allons-nous éprouver le même désappointement que Belzoni, lorsqu'il crut être entré avant personne dans le tombeau de Menephtha-Seti, et trouva, après avoir parcouru un dédale de couloirs, de puits et de chambres, le sarcophage vide sous son couvercle brisé : car les chercheurs de trésors avaient abouti à la tombe royale par un de leurs sondages pratiqué sur un autre point de la montagne.

— Oh ! non, fit le savant; la chaîne est ici trop épaisse et l'hypogée trop éloigné des autres pour que ces taupes de malheur aient pu, en grattant le roc, prolonger leurs mines jusqu'ici. »

Pendant cette conversation, les ouvriers, excités par Argyropoulos, attaquaient la grande dalle de pierre qui masquait l'orifice de la syringe. En déchaussant la dalle pour passer dessous leurs leviers, car le lord avait recommandé de ne rien briser, ils mirent à nu parmi le sable une multitude de petites figurines hautes de quelques pouces, en terre émaillée bleue ou verte, d'un travail parfait, mignonnes statuettes funéraires déposées là en offrande par les parents et les amis, comme nous déposons des couronnes de fleurs au seuil de nos chapelles funèbres; seulement nos fleurs se fanent vite, et après plus de trois mille ans les témoignages de ces antiques douleurs se retrouvent intacts, car l'Égypte ne peut rien faire que d'éternel.

Lorsque la porte de pierre s'écarta, livrant, pour la première fois depuis trente-cinq siècles, passage aux rayons du jour, une bouffée d'air brûlant s'échappa de l'ouverture sombre, comme de la gueule d'une fournaise. Les poumons embrasés de la montagne parurent pousser un soupir de satisfaction par cette bouche si longtemps fermée. La lumière, se hasardant à l'entrée du couloir funèbre, fit briller du plus vif éclat les enluminures des hiéroglyphes entaillés le long des murailles par lignes perpendiculaires et reposant sur une plinthe bleue. Une figure de couleur rougeâtre, à tête d'épervier et coiffée du pschent, soutenait un disque renfermant le globe ailé et semblait veiller au seuil du tombeau, comme un portier de l'Éternité.

Quelques fellahs allumèrent des torches et précédèrent les deux voyageurs accompagnés d'Argyropoulos; les flammes résineuses grésillaient avec peine parmi cet air épais, étouffant, concentré pendant tant de milliers d'années sous le calcaire incandescent de la montagne, dans les couloirs, les labyrinthes et les cœcums de l'hypogée. Rumphius haletait et ruisselait comme un fleuve; l'impassible Evandale lui-même rougissait et sentait ses tempes se mouiller. Quant au Grec, le vent de feu du désert l'avait desséché depuis longtemps, et il ne transpirait non plus qu'une momie.

Le couloir s'enfonçait directement vers le noyau de la chaîne, suivant un filon de calcaire d'une égalité et d'une pureté parfaites.

Au fond du couloir, une porte de pierre, scellée comme l'autre d'un sceau d'argile, et surmontée du globe aux ailes éployées, témoignait que la sépulture n'avait pas été violée, et indiquait l'existence d'un nouveau corridor plongeant plus avant dans le ventre de la montagne.

La chaleur devenait si intense, que le jeune lord se défit de son paletot blanc, et le docteur de son habit noir, que suivirent bientôt leur gilet et leur chemise; Argyropoulos, voyant leur souffle s'embarrasser, dit quelques mots à l'oreille d'un fellah, qui courut à l'entrée du souterrain et rapporta deux grosses éponges imbibées d'eau fraîche, que les deux voyageurs, d'après le conseil du Grec, se mirent sur la bouche pour respirer un air plus frais à travers les pores humides, comme cela se pratique aux bains russes quand la vapeur est poussée à outrance.

On attaqua la porte, qui céda bientôt:

Un escalier taillé dans le roc vif se présenta avec sa descente rapide.

Sur un fond vert terminé par une ligne bleue se déroulaient, de chaque côté du couloir, des processions de figurines emblématiques aux couleurs aussi fraîches, aussi vives que si le pinceau de l'artiste les eût appliquées la veille; elles apparaissaient un moment à la lueur des torches, puis s'évanouissaient dans l'ombre comme les fantômes d'un rêve.

Au-dessous de ces bandelettes de fresques, des lignes d'hiéroglyphes, disposées en hauteur comme l'écriture chinoise et séparées par des raies creusées, offraient à la sagacité le mystère sacré de leur énigme.

Sur les parois que ne couvraient pas les signes hiératiques; un chacal couché sur le ventre, les pattes allongées et les oreilles dressées, une figure agenouillée, coiffée de la mitre et la main étendue sur un cercle, paraissaient faire sentinelle à côté d'une porte dont le linteau était orné de deux cartouches accolés, ayant pour tenants deux femmes vêtues de pagnes étroits, et déployant comme une aile leur bras empenné.

« Ah çà, dit le docteur, reprenant haleine au bas de l'escalier, voyant que l'excavation plongeait toujours plus avant, nous allons donc descendre jusqu'au centre de la terre? La chaleur augmente tellement, que nous ne devons pas être bien loin du séjour des damnés.

— Sans doute, reprit lord Evandale, on a suivi la veine du calcaire, qui s'enfonce d'après la loi des ondulations géologiques. »

Un autre passage d'une assez grande déclivité succéda aux degrés. Les murailles en étaient également couvertes de peintures où l'on distinguait vaguement une suite de scènes allégoriques, expliquées sans doute par les hiéroglyphes inscrits au-dessous en manière de légende. Cette frise régnait tout le long du passage, et plus bas l'on voyait des figurines en adoration devant le scarabée sacré et le serpent symbolique colorié d'azur.

En débouchant du corridor, le fellah qui portait la torche se rejeta en arrière par un brusque mouvement.

Le chemin s'interrompait subitement, et la bouche d'un puits bâillait carrée et noire à la surface du sol.

« Il y a un puits, maître, dit le fellah en interpellant Argyropoulos; que faut-il faire? »

Le Grec se fit donner une torche, la secoua pour mieux l'enflammer, et la jeta dans la gueule sombre du puits, se penchant avec précaution sur l'orifice.

La torche descendit en tournoyant et en sifflant; bientôt un coup sourd se fit entendre, suivi d'un pétillement d'étincelles, et d'un flot de fumée; puis la flamme reprit claire et vive, et l'ouverture du puits brilla dans l'ombre comme l'œil sanglant d'un cyclope.

« On n'est pas plus ingénieux, dit le jeune lord; ces labyrinthes entrecoupés d'oubliettes auraient dû calmer le zèle des voleurs et des savants.

— Il n'en est rien cependant, répondit le docteur; les uns cherchent l'or, les autres la vérité, les deux choses les plus précieuses du monde.

— Apportez la corde à nœuds, cria Argyropoulos à ses Arabes; nous allons explorer et sonder les parois du puits, car l'excavation doit se prolonger bien au delà. »

Huit ou dix hommes, pour faire contre-poids, s'attelèrent à une extrémité de la corde, dont on laissa l'autre bout plonger dans le puits.

Avec l'agilité d'un singe ou d'un gymnaste de profession, Argyropoulos se suspendit au cordeau flottant et se laissa couler à une quinzaine de pieds environ, se tenant des mains aux nœuds et battant les parois du puits des talons.

Le roc ausculté rendit partout un son mat et plein; alors Argyropoulos se laissa couler au fond du puits, frappant le sol du pommeau de son cadjar, mais la roche compacte ne résonnait pas.

Evandale et Rumphius, enfiévrés par une curiosité anxieuse, se penchaient sur le bord du puits, au risque de s'y précipiter la tête la première, et suivaient avec un intérêt passionné les recherches du Grec.

« Tenez ferme là-haut! » cria enfin le Grec, lassé de l'inutilité de sa perquisition; et il empoigna la corde à deux mains pour remonter.

L'ombre d'Argyropoulos, éclairé en dessous par la torche qui continuait à brûler au fond du puits, se projetait au plafond et y dessinait comme la silhouette d'un oiseau difforme.

La figure d'Argyropoulos exprimait un vif désappointement, et il se mordait la lèvre sous sa moustache.

« Pas l'apparence du moindre passage! s'écria-t-il, et pourtant l'excavation ne saurait s'arrêter là.

— A moins pourtant, dit Rumphius, que l'Égyptien qui s'était commandé ce tombeau ne soit mort dans quelque nome lointain, en voyage ou en guerre, et qu'on ait abandonné les travaux, ce qui n'est pas sans exemple.

— Espérons qu'à force de chercher nous rencontrerons quelque issue secrète, continua lord Evandale : sinon, nous essayerons de pousser une galerie transversale à travers la montagne.

— Ces damnés Égyptiens étaient si rusés pour cacher l'entrée de leurs terriers funèbres! ils ne savaient que s'imaginer afin de désorienter le pauvre monde, et on dirait qu'ils riaient par avance de la mine décontenancée des fouilleurs! » marmottait Argyropoulos.

S'avançant sur le bord du gouffre, le Grec sonda de son regard perçant comme celui d'un oiseau nocturne les murs de la petite chambre qui formait la partie supérieure du puits. Il ne vit rien que les personnages ordinaires de la psychostasie, le juge Osiris assis sur son trône, dans la pose consacrée, tenant le pedum d'une main et le fouet de l'autre, et les déesses de la Justice et de la Vérité amenant l'esprit du défunt devant le tribunal de l'Amenti.

Tout à coup il parut illuminé d'une idée subite et fit volte-face : sa vieille expérience d'entrepreneur de fouilles lui rappela un cas à peu près semblable, et d'ailleurs le désir de gagner les mille guinées du lord surexcitait ses facultés ; il prit un pic des mains d'un fellah et se mit, en rétrogradant, à heurter rudement à droite et à gauche les surfaces du rocher, au risque de marteler quelques hiéroglyphes et de casser le bec ou l'élytre d'un épervier ou d'un scarabée sacré.

Le mur interrogé finit par répondre aux questions du marteau et sonna creux.

Une exclamation de triomphe s'échappa de la poitrine du Grec et son œil étincela.

Le savant et le lord battirent des mains.

« Piochez là, » dit à ses hommes Argyropoulos, qui avait repris son sang-froid.

On eut bientôt pratiqué une brèche suffisante pour laisser passer un homme. Une galerie, qui contournait dans l'intérieur de la montagne l'obstacle du puits opposé aux profanateurs, conduisait à une salle carrée dont le plafond bleu posait sur quatre piliers massifs enluminés de ces figures à peau rouge et à pagne blanc, qui présentent si souvent dans les fresques égyptiennes leur buste de face et leur tête de profil.

Cette salle débouchait dans une autre un peu plus haute de plafond et soutenue seulement par deux piliers. Des scènes variées, la bari mystique, le taureau Apis emportant la momie vers les régions de l'Occident, le jugement de l'âme et le pesage des actions du mort dans la balance suprême, les offrandes faites aux divinités funéraires, ornaient les piliers et la salle.

Toutes ces figurations étaient tracées en bas-relief méplat dans un trait fermement creusé, mais le pinceau du peintre n'avait pas achevé et complété l'œuvre du ciseau. Au soin et à la délicatesse du travail, on pouvait juger de l'importance du personnage dont on avait cherché à dérober le tombeau à la connaissance des hommes.

Après quelques minutes données à l'examen de ces incises, dessinées avec toute la pureté du beau style égyptien à son époque classique, on s'aperçut que la salle n'avait pas d'issue et qu'on avait abouti à une sorte de cæcum. L'air se raréfiait; les torches brûlaient avec peine dans une atmosphère dont elles augmentaient encore la chaleur, et leurs fumées se remployaient en nuages; le Grec se donnait à tous les diables, comme si le cadeau n'était pas fait et accepté depuis longtemps : mais cela ne remédiait à rien. On sonda de nouveau les murs sans aucun résultat; la montagne, pleine, épaisse, compacte, ne rendait partout qu'un son mat; aucune apparence de porte, de couloir ou d'ouverture quelconque!

Le lord était visiblement découragé, et le savant laissait pendre flasquement ses bras maigres le long de son corps. Argyropoulos, qui craignait pour ses vingt-cinq mille francs, manifestait le désespoir le plus farouche. Cependant il fallait rétrograder, car la chaleur devenait véritablement étouffante.

La troupe repassa dans la première salle, et là, le Grec, qui ne pouvait se résigner à voir s'en aller en fumée son rêve d'or, examina avec la plus minutieuse attention le fût des piliers, pour s'assurer s'ils ne cachaient pas quelque artifice, s'ils ne masquaient pas quelque trappe qu'on découvrirait en les déplaçant : car, dans son désespoir, il mêlait la réalité de l'architecture égyptienne aux chimériques bâtisses des contes arabes.

Les piliers, pris dans la masse même de la montagne, au milieu de la salle évidée, ne faisaient qu'un avec elle, et il aurait fallu employer la mine pour les ébranler.

Tout espoir était perdu !

« Cependant, dit Rumphius, on ne s'est pas amusé à creuser ce dédale pour rien. Il doit y avoir quelque part un passage pareil à celui qui contourne le puits. Sans doute le défunt a peur d'être dérangé par les importuns, et il se fait celer ; mais avec de l'insistance on entre partout. Peut-être une dalle habilement dissimulée, et dont la poudre répandue sur le sol empêche de voir le joint, recouvre-t-elle une descente qui mène directement ou indirectement à la salle funèbre.

— Vous avez raison, cher docteur, fit Evandale ; ces damnés Égyptiens joignent les pierres comme les charnières d'une trappe anglaise : cherchons encore. »

L'idée du savant avait paru judicieuse au Grec, qui se promena et fit se promener ses fellahs en frappant du talon dans tous les coins et recoins de la salle.

Enfin, non loin du troisième pilier, une sourde résonnance attira l'oreille exercée du Grec, qui se précipita à genoux pour examiner la place, balayant avec la guenille de bornous qu'un de ses Arabes lui avait jetée l'impalpable poussière tamisée par trente-cinq siècles dans l'ombre et le silence ; une ligne noire, mince et nette comme le trait tracé à la règle sur un plan d'architecte, se dessina, et, suivie minutieusement, découpa sur le sol une dalle de forme oblongue.

« Je vous le disais bien, moi, s'écria le savant enthousiasmé, que le souterrain ne pouvait se terminer ainsi !

— Je me fais vraiment conscience, dit lord

Evandale avec son bizarre flegme britannique, de troubler dans son dernier sommeil ce pauvre corps inconnu qui comptait si bien reposer en paix jusqu'à la consommation des siècles. L'hôte de cette demeure se passerait bien de notre visite.

— D'autant plus que la tierce personne manque pour la régularité de la présentation, répondit le docteur ; mais rassurez-vous, milord : j'ai assez vécu du temps des Pharaons pour vous introduire auprès du personnage illustre, habitant de ce palais souterrain. »

Des pinces furent glissées dans l'étroite fissure, et après quelques pesées la dalle s'ébranla et se souleva.

Un escalier aux marches hautes et roides s'enfonçant dans l'ombre s'offrit aux pieds impatients des voyageurs, qui s'y engouffrèrent pêle-mêle. Une galerie en pente, coloriée sur ses deux faces de figures et d'hiéroglyphes, succéda aux marches : quelques degrés se présentèrent encore au bout de la galerie, menant à un corridor de peu d'étendue, espèce de vestibule d'une salle de même style que la première, mais plus grande et soutenue par six piliers pris dans la masse de la montagne. L'ornementation en était plus riche, et les motifs ordinaires des peintures funèbres s'y multipliaient sur un fond de couleur jaune.

A droite et à gauche s'ouvraient dans le roc deux petites cryptes ou chambres remplies de figurines funéraires en terre émaillée, en bronze et en bois de sycomore.

« Nous voici dans l'antichambre de la salle où doit se trouver le sarcophage ! s'écria Rumphius, laissant voir au-dessous de ses lunettes, qu'il avait relevées sur son front, ses yeux gris clair étincelants de joie.

— Jusqu'à présent, dit Evandale, le Grec a tenu sa promesse : nous sommes bien les premiers vivants qui aient pénétré ici depuis que dans cette tombe le mort, quel qu'il soit, a été abandonné à l'éternité et à l'inconnu.

— Oh! ce doit être un puissant personnage, répondit le docteur, un roi, un fils de roi tout au moins ; je vous le dirai plus tard, lorsque j'aurai déchiffré son cartouche; mais pénétrons d'abord dans cette salle, la plus belle, la plus importante, et que les Égyptiens désignaient sous le nom de *Salle dorée.* »

Lord Evandale marchait le premier, précédant de quelques pas le savant moins agile, ou qui peut-être voulait laisser par déférence la virginité de la découverte au jeune lord.

Au moment de franchir le seuil, le lord se pencha comme si quelque chose d'inattendu avait frappé son regard.

Bien qu'habitué à ne pas manifester ses émotions, car rien n'est plus contraire aux règles du haut dandysme que de se reconnaître, par la surprise ou l'admiration, inférieur à quelque chose, le jeune seigneur ne put retenir un *oh!* prolongé, et modulé de la façon la plus britannique.

Voici ce qui avait extirpé une exclamation au plus parfait gentleman des trois royaumes unis.

Sur la fine poudre grise qui sablait le sol se dessinait très-nettement, avec l'empreinte de l'orteil, des quatre doigts et du calcanéum, la forme d'un pied humain ; le pied du dernier prêtre ou du dernier ami qui s'était retiré, quinze cents ans avant Jésus-Christ, après avoir rendu au mort les honneurs suprêmes. La poussière, aussi éternelle en Égypte que le granit, avait moulé ce pas et le gardait depuis plus de trente siècles, comme les boues diluviennes durcies conservent la trace des pieds d'animaux qui la pétrirent.

« Voyez, dit Evandale à Rumphius, cette empreinte humaine dont la pointe se dirige vers la sortie de l'hypogée. Dans quelle syringe de la chaîne libyque repose pétrifié de bitume le corps qui l'a produite ?

— Qui sait? répondit le savant; en tout cas, cette trace légère, qu'un souffle eût balayé, a duré plus longtemps que des civilisations, que des empires, que des religions même et que des monuments que l'on croyait éternels : la poussière d'Alexandre lute peut-être la bonde d'un tonneau de bière, selon la réflexion d'Hamlet, et le pas de cet Égyptien inconnu subsiste au seuil d'un tombeau ! »

Poussés par la curiosité, qui ne leur permettait pas de longues réflexions, le lord et le docteur pénétrèrent dans la salle, prenant garde toutefois d'effacer la miraculeuse empreinte.

En y entrant, l'impassible Evandale éprouva une impression singulière.

Il lui sembla, d'après l'expression de Shakspeare, « que la roue du temps était sortie de son ornière : » la notion de la vie moderne s'effaça chez lui. Il oublia et la Grande-Bretagne, et son nom inscrit sur le livre d'or de la noblesse, et ses châteaux du Lincolnshire, et ses hôtels du West-End, et Hyde-Park, et Piccadilly, et les drawing-rooms de la reine, et le club des Yachts, et tout ce qui constituait son existence anglaise. Une main invisible avait retourné le sablier de l'éternité, et les siècles, tombés grain à grain comme des heures dans la solitude et la nuit, recommençaient leur chute. L'histoire était comme non avenue : Moïse vivait, Pharaon régnait, et lui, lord Evandale, se sentait embarrassé de ne pas avoir la coiffe à barbes cannelées, le gorgerin d'émaux, et le pagne étroit bridant sur les hanches, seul costume convenable pour se présenter à une momie royale. Une sorte d'horreur religieuse l'envahissait, quoique le lieu n'eût rien de sinistre, en violant ce palais de la mort défendu avec tant de soin contre les profanateurs. La tentative lui paraissait impie et sacrilége, et il se dit : « Si le Pharaon allait se relever sur sa couche et me frapper de son sceptre! » Un instant il eut l'idée de laisser retomber le linceul, soulevé à demi, sur le cadavre de cette antique civilisation morte; mais le docteur, dominé par son enthousiasme scientifique, ne faisait pas ces réflexions, et il s'écriait d'une voix éclatante :

« Milord, milord, le sarcophage est intact! »

Cette phrase rappela lord Evandale au sentiment de la réalité. Par une électrique projection de pensée, il franchit les trois mille cinq cents ans que sa rêverie avait remontés, et il répondit :

« En vérité, cher docteur, intact?

— Bonheur inouï! chance merveilleuse! trouvaille inappréciable! continua le docteur dans l'expansion de sa joie d'érudit.

Argyropoulos, voyant l'enthousiasme du docteur, eut un remords, le seul qu'il pût éprouver, du reste, le remords de n'avoir demandé que vingt-cinq mille francs. « J'ai été naïf, se dit-il à lui-même, cela ne m'arrivera plus ; ce milord m'a volé. »

Et il se promit bien de se corriger à l'avenir.

Pour faire jouir les étrangers de la beauté du coup d'œil, les fellahs avaient allumé toutes leurs torches. Le spectacle était en effet étrange et magnifique ! Les galeries et les salles qui conduisent à la salle du sarcophage ont des plafonds plats et ne dépassent pas une hauteur de huit ou dix pieds; mais le sanctuaire où aboutissent ces dédales a de tout autres proportions. Lord Evandale et Rumphius restèrent stupéfiés d'admiration, quoiqu'ils fussent déjà familiarisés avec les splendeurs funèbres de l'art égyptien.

Illuminée ainsi, la salle dorée flamboya, et, pour la première fois peut-être, les couleurs de ses peintures éclatèrent dans tout leur jour. Des rouges, des bleus, des verts, des blancs, d'un éclat neuf, d'une fraîcheur virginale, d'une pureté inouïe, se détachaient de l'espèce de vernis d'or qui servait de fond aux figures et aux hiéroglyphes, et saisissaient les yeux avant qu'on eût pu discerner les sujets que composait leur assemblage. Au premier abord, on eût dit une immense

tapisserie de l'étoffe la plus riche. La voûte, haute
de trente pieds, présentait une sorte de velarium
d'azur, bordé de longues palmettes jaunes. Sur
les parois des murs, le globe symbolique ouvrait
son envergure démesurée, les cartouches royaux
inscrivaient leur contour : Isis et Nepthys secouaient leurs bras frangés de plume comme des
ailerons, les serpents gonflaient leurs gorges
bleues, les scarabées essayaient de déployer leurs
élytres, les dieux à têtes d'animaux dressaient
leurs oreilles de chacal, aiguisaient leur bec d'é-
pervier, ridaient leur museau de cynocéphale,
rentraient dans leurs épaules leur cou de vautour
ou de serpent ; des baris mystiques passaient sur
leurs traîneaux, tirées par des figures aux poses
compassées, au geste anguleux, ou flottaient sur
des eaux ondulées symétriquement, conduites par
des rameurs demi-nus : des pleureuses, agenouillées et la main placée en signe de deuil sur leur
chevelure bleue, se retournaient vers les catafal-
ques; plus loin des prêtres à tête rasé, une peau
de léopard sur l'épaule, brûlaient les parfums
sous le nez des morts divinisés, au bout d'une spatule terminée par une main soutenant une petite
coupe ; d'autres personnages offraient aux génies
funéraires des lotus en fleur ou en bouton, des
plantes bulbeuses, des volatiles, des quartiers

d'antilope et des buires de liqueurs. Des Justices sans tête amenaient des âmes devant des Osiris aux bras pris dans un contour inflexible, comme dans une camisole de force, qu'assistaient les quarante-deux juges de l'Amenti accroupis sur deux files et portant sur leurs têtes, empruntées à tous les règnes de la zoologie, une plume d'autruche en équilibre. Toutes ces figurations, cernées d'un trait creusé dans le calcaire et bariolées des couleurs les plus vives, avaient cette vie immobile, ce mouvement figé, cette intensité mystérieuse de l'art égyptien, contrarié par la règle sacerdotale, et qui ressemble à un homme bâillonné tâchant de faire comprendre son secret.

Au milieu de la salle se dressait, massif et grandiose, le sarcophage creusé dans un énorme bloc de basalte noir que fermait un couvercle de même matière, taillé en dos d'âne. Les quatre faces du monolithe funèbre étaient couvertes de personnages et d'hiéroglyphes aussi précieusement gravés que l'intaille d'une bague en pierre fine, quoique les Égyptiens ne connussent pas le fer et que le basalte ait un grain réfractaire à émousser les aciers les plus durs. L'imagination se perd à rêver le procédé par lequel ce peuple merveilleux écrivait sur le porphyre et le granit, comme avec une pointe sur des tablettes de cire.

Aux angles du sarcophage étaient posés quatre vases d'albâtre oriental du galbe le plus élégant et le plus pur, dont les couvercles sculptés représentaient la tête d'homme d'Amset, la tête de cynocéphale d'Hapi, la tête de chacal de Soumaoutf, la tête d'épervier de Kebsbniff : c'étaient les vases contenant les viscères de la momie enfermée dans le sarcophage; à la tête du tombeau, une effigie d'Osiris, la barbe nattée, semblait veiller sur le sommeil du mort. Deux statues de femme coloriées se dressaient à droite et à gauche du tombeau, soutenant d'une main sur leur tête une boîte carrée, et, de l'autre, appuyé à leur flanc, un vase à libations. L'une était vêtue d'un simple jupon blanc collant sur les hanches et suspendu par des bretelles croisées; l'autre, plus richement habillée, s'emboîtait dans une espèce de fourreau étroit papelonné d'écailles successivement rouges et vertes.

A côté de la première, l'on voyait trois jarres primitivement remplies d'eau du Nil, qui en s'évaporant n'avait laissé que son limon, et un plat contenant une pâte alimentaire desséchée.

A côté de la seconde, deux petits navires, pareils à ces modèles de vaisseaux qu'on fabrique dans les ports de mer, rappelaient avec exactitude, l'un, les moindres détails des barques destinées à transporter les corps de Diospolis aux Memnonia; l'autre, la nef symbolique qui fait passer l'âme aux régions de l'Occident. Rien n'était oublié, ni les mâts, ni le gouvernail, composé d'un long aviron, ni le pilote, ni les rameurs, ni la momie entourée de pleureuses et couchée sur le naos sur un lit à pattes de lion, ni les figures allégoriques des divinités funèbres accomplissant leurs fonctions sacrées. Barques et personnages étaient peints de couleurs vives, et, sur les deux joues de la proue relevée en bec comme la poupe, s'ouvrait le grand œil osirien allongé d'antimoine; un bucrane et des ossements de bœuf semés çà et là témoignaient qu'une victime avait été immolée pour assumer les mauvaises chances qui eussent pu troubler le repos du mort. Des coffrets peints et chamarrés d'hiéroglyphes étaient placés sur le tombeau; des tables de roseau soutenaient encore les offrandes funèbres; rien n'avait été touché dans ce palais de la Mort, depuis le jour où la momie, avec son cartonnage et ses deux cercueils, s'était allongée sur sa couche de basalte. Le ver du sépulcre, qui sait si bien se frayer passage à travers les bières les mieux fermées, avait lui-même rebroussé chemin, repoussé par les âcres parfums du bitume et des aromates.

« Faut-il ouvrir le sarcophage? dit Argyropoulos, après avoir laissé à lord Evandale et à Rumphius le temps d'admirer les splendeurs de la salle dorée.

— Certainement, répondit le jeune lord ; mais prenez garde d'écorner les bords du couvercle en introduisant vos leviers dans la jointure, car je veux enlever ce tombeau et en faire présent au Bristish Muséum. »

Toute la troupe réunit ses efforts pour déplacer le monolithe ; des coins de bois furent enfoncés avec précaution, et, au bout de quelques minutes de travail, l'énorme pierre se déplaça et glissa sur les tasseaux préparés pour la recevoir. Le sarcophage ouvert laissa voir le premier cercueil hermétiquement fermé. C'était un coffre orné de peintures et de dorures, représentant une espèce de naos, avec des dessins symétriques, des losanges, des quadrilles, des palmettes et des lignes d'hiéroglyphes ; on fit sauter le couvercle, et Rumphius, qui se penchait sur le sarcophage, poussa un cri de surprise lorsqu'il découvrit le contenu du cercueil : « Une femme! une femme! » s'écria-t-il, ayant reconnu le sexe de la momie à l'absence de barbe osirienne et à la forme du cartonnage.

Le Grec aussi parut étonné ; sa vieille expérience

de fouilleur le mettait à même de comprendre tout ce qu'une pareille trouvaille avait d'insolite. La vallée de Biban-el-Molouk est le Saint-Denis de l'ancienne Thèbes, et ne contient que des tombes de rois. La nécropole des reines est située plus loin, dans une autre gorge de la montagne. Les tombeaux des reines sont fort simples, et composés ordinairement de deux ou trois couloirs et d'une ou deux chambres. Les femmes, en Orient, ont toujours été regardées comme inférieures à l'homme, même dans la mort. La plupart de ces tombes, violées à des époques très-anciennes, ont servi de réceptacles à des momies difformes grossièrement embaumées, où se voient encore des traces de lèpre et d'éléphantiasis. Par quelle singularité, par quel miracle, par quelle substitution, ce cercueil féminin occupait-il ce sarcophage royal, au milieu de ce palais cryptique, digne du plus illustre et du plus puissant des Pharaons ?

« Ceci dérange, dit le docteur à lord Evandale, toutes mes notions et toutes mes théories, et renverse les systèmes les mieux assis sur les rites funèbres égyptiens, si exactement suivis pourtant pendant des milliers d'années ! Nous touchons sans doute à quelque point obscur, à quelque mystère perdu de l'histoire. Une femme est montée sur le trône des Pharaons et a gouverné l'Égypte. Elle s'appelait Tahoser, s'il faut en croire des cartouches gravés sur des martelages d'inscriptions plus anciennes; elle a usurpé la tombe comme le trône. — Peut-être quelque ambitieuse, dont l'histoire n'a pas gardé souvenir, a renouvelé sa tentative.

— Personne mieux que vous n'est en état de résoudre ce problème difficile, fit lord Evandale; nous allons emporter cette caisse pleine de secrets dans notre cange, où vous dépouillerez à votre aise ce document historique, et devinerez sans doute l'énigme que proposent ces éperviers, ces scarabées, ces figures à genoux, ces lignes en dents de scie, ces uræus ailés, ces mains en spatule que vous lisez aussi couramment que le grand Champollion. »

Les fellahs, dirigés par Argyropoulos, enlevèrent l'énorme coffre sur leurs épaules, et la momie, refaisant en sens inverse la promenade funèbre qu'elle avait accomplie du temps de Moïse, dans une bari peinte et dorée, précédée d'un long cortége, embarquée sur le sandal qui avait amené les voyageurs, arriva bientôt à la cange amarrée sur le Nil, et fut placée dans la cabine, assez semblable, tant les formes changent peu en Égypte, au naos de la barque funéraire.

Argyropoulos, ayant rangé autour de la caisse tous les objets trouvés près d'elle, se tint debout respectueusement à la porte de la cabine, et parut attendre. Lord Evandale comprit et lui fit compter les vingt-cinq mille francs par son valet de chambre.

Le cercueil ouvert posait sur des tasseaux, au milieu de la cabine, brillant d'un éclat aussi vif que si les couleurs de ses ornements eussent été appliquées d'hier, et encadrait la momie, moulée dans son cartonnage, d'un fini et d'une richesse d'exécution remarquables.

Jamais l'antique Égypte n'avait emmailloté avec plus de soin un de ses enfants pour le sommeil éternel. Quoique aucune forme ne fût indiquée dans cet hermès funèbre, terminé en gaine, d'où se détachaient seules les épaules et la tête, on devinait vaguement un corps jeune et gracieux sous cette enveloppe épaissie. Le masque doré, avec ses longs yeux cernés de noir et avivés d'émail, son nez aux ailes délicatement coupées, ses pommettes arrondies, ses lèvres épanouies et souriant de cet indescriptible sourire du sphinx, son menton, d'une courbe un peu courte, mais d'une finesse extrême de contour, offraient le plus pur type de l'idéal égyptien, et accusaient par mille petits détails caractéristiques que l'art n'invente pas la physionomie individuelle d'un portrait. Une multitude de fines nattes, tressées en cordelettes et séparées par des bandeaux, retombaient, de chaque côté du masque, en masses opulentes. Une tige de lotus, partant de la nuque, s'arrondissait au-dessus de la tête et venait ouvrir son calice d'azur sur l'or mat du front, et complétait, avec le cône funéraire, cette coiffure aussi riche qu'élégante.

Un large gorgerin, composé de fins émaux cloisonnés de traits d'or, cerclait la base du col et descendait en plusieurs rangs, laissant voir, comme deux coupes d'or, le contour ferme et pur de deux seins vierges.

Sur la poitrine, l'oiseau sacré à tête de bélier, portant entre ses cornes vertes le cercle rouge du soleil occidental et soutenu par deux serpents coiffés du pschent qui gonflaient leurs poches, dessinait sa configuration monstrueuse pleine de sens symboliques. Plus bas, dans les espaces laissés libres par les zones transversales et rayées de vives couleurs représentant les bandelettes, l'épervier de Phré couronné du globe, l'envergure déployée, le corps imbriqué de plumes symétriques, la queue épanouie en éventail, tenait entre chacune de ses serres le Tau mystérieux, emblème d'immortalité. Des dieux funéraires, à face verte, à museau de singe et de chacal, présentaient, d'un geste hiératiquement roide, le fouet, le pedum, le sceptre ; l'œil osirien dilatait sa prunelle rouge cernée d'antimoine ; les vipères célestes épaississaient leur gorge autour des disques sacrés, des figures symboliques allongeaient leurs bras empennés de plumes semblables à des lames de jalousies, et les deux déesses du commencement et de la fin, la chevelure poudrée de poudre bleue, le buste nu jusqu'au dessous du sein, le reste du corps bridé dans un étroit jupon, s'agenouillaient, à la mode égyptienne, sur des coussins verts et rouges, ornés de gros glands.

Une bandelette longitudinale d'hiéroglyphes partant de la ceinture et se prolongeant jusqu'aux pieds contenait sans doute quelques formules du rituel funèbre, ou plutôt les noms et qualités de la défunte, problème que Rumphius se promit de résoudre plus tard.

Toutes ces peintures, par le style du dessin, la hardiesse du trait, l'éclat de la couleur, dénotaient de la façon la plus évidente, pour un œil exercé, la plus belle période de l'art égyptien.

Lorsque le lord et le savant eurent assez contemplé cette première enveloppe, ils tirèrent le cartonnage de sa boîte et le dressèrent contre une paroi de la cabine.

C'était un spectacle étrange que ce maillot funèbre à masque doré, se tenant debout comme un spectre matériel, et reprenant une fausse attitude de vie après avoir gardé si longtemps la pose horizontale de la mort sur un lit de basalte, au cœur d'une montagne éventrée par une curiosité impie. L'âme de la défunte, qui comptait sur l'éternel repos, et qui avait pris tant de soins pour préserver sa dépouille de toute violation, dut s'en émouvoir, au delà des mondes, dans le cercle de ses voyages et de ses métamorphoses.

Rumphius, armé d'un ciseau et d'un marteau pour séparer en deux le cartonnage de la momie, avait l'air d'un de ces génies funèbres coiffés d'un masque bestial, qu'on voit dans les peintures des hypogées s'empresser autour des morts pour accomplir quelque rite effrayant et mystérieux: lord Evandale, attentif et calme, ressemblait, avec son pur profil, au divin Osiris attendant l'âme pour la juger, et, si l'on veut pousser la comparaison plus loin, son stick rappelait le sceptre que tient le dieu.

L'opération terminée, ce qui prit assez de temps, car le docteur ne voulait pas écailler les dorures, la boîte reposée à terre se sépara en deux comme un moule qu'on ouvre, et la momie apparut dans tout l'éclat de sa toilette funèbre, parée coquettement, comme si elle eût voulu séduire les génies de l'empire souterrain.

A l'ouverture du cartonnage, une vague et délicieuse odeur d'aromates, de liqueur de cèdre, de poudre de santal, de myrrhe et de cinnamome, se répandit par la cabine de la cange : car le corps n'avait pas été englué et durci dans ce bitume noir qui pétrifie les cadavres vulgaires, et tout l'art des embaumeurs, anciens habitants des Memnonia, semblait s'être épuisé à conserver cette dépouille précieuse.

Un lacis d'étroites bandelettes en fine toile de lin, sous lequel s'ébauchaient vaguement les traits de la figure, enveloppait la tête; les baumes dont ils étaient imprégnés avaient coloré ces tissus d'une belle teinte fauve. A partir de la poitrine, un filet de minces tuyaux de verre bleu, semblables à ces cannetilles de jais qui servent à broder les basquines espagnoles, croisait ses mailles réunies à leurs points d'intersection par de petits grains dorés, et, s'allongeant jusqu'aux jambes, formait à la morte un suaire de perles digne d'une reine; les statuettes des quatre dieux de l'Amenti, en or repoussé, brillaient rangées symétriquement au bord supérieur du filet, terminé en bas par une frange d'ornements du goût le plus pur. Entre les figures des dieux funèbres s'allongeait une plaque d'or au-dessus de laquelle un scarabée lapis-lazuli étendait ses longues ailes dorées.

Sous la tête de la momie était placé un riche miroir de métal poli, comme si l'on eût voulu fournir à l'âme de la morte le moyen de contempler le spectre de sa beauté pendant la longue nuit du sépulcre; à côté du miroir, un coffret en terre émaillée, d'un travail précieux, renfermait un collier composé d'anneaux d'ivoire, alternant avec des perles d'or, de lapis-lazuli et de cornaline; au long du corps, on avait mis l'étroite cuvette carrée en bois de santal; où de son vivant la morte accomplissait ses ablutions parfumées, trois vases en albâtre rubané, fixés au fond du cercueil, ainsi que la momie, par une couche de natrum, contenaient: les deux premiers, des baumes d'une odeur encore appréciable, et le troisième, de la poudre d'antimoine et une petite spatule pour colorer le bord des paupières et en prolonger l'angle externe, suivant l'antique usage égyptien, pratiqué de nos jours par les femmes orientales.

« Quelle touchante coutume, dit le docteur Rumphius, enthousiasmé à la vue de ces trésors, d'ensevelir avec une jeune femme tout son coquet arsenal de toilette! car c'est une jeune femme, à coup sûr, qu'enveloppent ces bandes de toile jaunies par le temps et les essences : à côté des Égyptiens, nous sommes vraiment des barbares; emportés par une vie brutale, nous n'avons plus le sens délicat de la mort. Que de tendresse, que de regrets, que d'amour révèlent ces soins minutieux, ces précautions infinies, ces soins inutiles que personne ne devait jamais voir, ces caresses à une dépouille insensible, cette lutte pour arracher à la destruction une forme adorée, et la rendre intacte à l'âme au jour de la réunion suprême!

— Peut-être, répondit lord Evandale tout pensif, notre civilisation, que nous croyons culminante, n'est-elle qu'une décadence profonde, n'ayant plus même le souvenir historique des gigantesques sociétés disparues. Nous sommes stupidement fiers de quelques ingénieux mécanismes récemment inventés, et nous ne pensons pas aux colossales splendeurs, aux énormités irréalisables pour tout autre peuple, de l'antique terre des Pharaons. Nous avons la vapeur; mais la vapeur est moins forte que la pensée qui élevait ces pyramides, creusait ces hypogées, taillait les montagnes en sphinx, en obélisques, couvrait des salles d'un seul bloc que tous nos engins ne sauraient remuer, ciselait des chapelles monolithes et savait défendre contre le néant la fragile dépouille humaine, tant elle avait le sens de l'éternité!

— Oh! les Égyptiens, dit Rumphius en souriant, étaient de prodigieux architectes, d'étonnants artistes, de profonds savants; les prêtres de Memphis et de Thèbes auraient rendu des points même à nos érudits d'Allemagne, et pour la symbolique, ils étaient de la force de plusieurs Creutzer; mais nous finirons par déchiffrer leurs grimoires et leur arracher leurs secrets. Le grand Champollion a donné leur alphabet; nous autres, nous lirons couramment leurs livres de granit. En attendant, déshabillons cette jeune beauté, plus de trois fois millénaire, avec toute la délicatesse possible.

— Pauvre lady! murmura le jeune lord; des yeux profanes vont parcourir ces charmes mystérieux que l'amour même n'a peut-être pas connus. Oh! oui, sous un vain prétexte de science, nous sommes aussi sauvages que les Perses de Cambyse; et, si je ne craignais de pousser au désespoir cet honnête docteur, je te renfermerais, sans avoir soulevé ton dernier voile, dans la triple boite de tes cercueils. »

Rumphius souleva hors du cartonnage la momie, qui ne pesait pas plus que le corps d'un enfant, et il commença à la démailloter avec l'adresse et la légèreté d'une mère voulant mettre à l'air les membres de son nourrisson; il défit d'abord l'enveloppe de toile cousue, imprégnée de vin de palmier, et les larges bandes qui, d'espace en espace, cerclaient le corps; puis il atteignit l'extrémité d'une bandelette mince enroulant ses spirales infinies autour des membres de la jeune Égyptienne ; il pelotonnait sur elle-même la bandelette, comme eût pu le faire un des plus habiles tarischeutes de la ville funèbre, la suivant dans tous ses méandres et ses circonvolutions. A mesure que son travail avançait, la momie, dégagée de ses épaisseurs, comme la statue qu'un praticien dégrossit dans un bloc de marbre, apparaissait plus svelte et plus pure. Cette bandelette déroulée, une autre se présenta, plus étroite et destinée à serrer les formes de plus près. Elle était d'une toile si fine, d'une trame si égale, qu'elle eût pu soutenir la comparaison avec la batiste et la mousseline de nos jours. Elle suivait exactement les contours, emprisonnant les doigts des mains et des pieds moulant comme un masque les traits de la figure, déjà presque visible à travers son mince tissu. Les baumes dans lesquels on l'avait baignée l'avaient comme empesée ; et, en se détachant sous la traction des doigts du docteur, elle faisait un petit bruit sec comme celui du papier qu'on froisse ou qu'on déchire.

Un seul tour restait encore à enlever, et, quelque familiarisé qu'il fût avec des opérations pareilles, le docteur Rumphius suspendit un moment sa besogne, soit par une espèce de respect pour les pudeurs de la mort, soit par ce sentiment qui empêche l'homme de décacheter la lettre, d'ouvrir la porte, de soulever le voile qui cache le secret qu'il brûle d'apprendre; il mit ce temps d'arrêt sur le compte de la fatigue, et en effet la sueur lui ruisselait du front sans qu'il songeât à l'essuyer de son fameux mouchoir à carreaux bleus : mais la fatigue n'y était pour rien.

Cependant la morte transparaissait sous la trame fine comme sous une gaze, et à travers les réseaux brillaient vaguement quelques dorures.

Le dernier obstacle enlevé, la jeune femme se dessina dans la chaste nudité de ses belles formes, gardant, malgré tant de siècles écoulés, toute la rondeur de ses contours, toute la grâce souple de ses lignes pures. Sa pose, peu fréquente chez les momies, était celle de la Vénus de Médicis, comme si les embaumeurs eussent voulu ôter à ce corps charmant la triste attitude de la mort, et adoucir pour lui l'inflexible rigidité du cadavre. L'une de ses mains voilait à demi sa gorge virginale, l'autre cachait des beautés mystérieuses, comme si la pudeur de la morte n'eût pas été rassurée suffisamment par les ombres protectrices du sépulcre.

Un cri d'admiration jaillit en même temps des lèvres de Rumphius et d'Evandale à la vue de cette merveille.

Jamais statue grecque ou romaine n'offrit un galbe plus élégant; les caractères particuliers de l'idéal égyptien donnaient même à ce beau corps si miraculeusement conservé une sveltesse et une légèreté que n'ont pas les marbres antiques. L'exiguïté des mains fuselées, la distinction des pieds étroits, aux doigts terminés par des ongles brillants comme l'agate, la finesse de la taille, la coupe du sein, petit et retroussé comme la pointe d'un tatbeb sous la feuille d'or qui l'enveloppait, le contour peu sorti de la hanche, la rondeur de la cuisse, la jambe un peu longue aux malléoles délicatement modelées, rappelaient la grâce élancée des musiciennes et des danseuses représentées sur les fresques figurant des repas funèbres, dans les hypogées de Thèbes. C'était cette forme d'une gracilité encore enfantine et possédant déjà toutes les perfections de la femme, que l'art égyptien exprime avec une suavité si tendre, soit qu'il peigne les murs des syringes d'un pinceau rapide, soit qu'il fouille patiemment le basalte rebelle.

Ordinairement, les momies pénétrées de bitume et de natrum ressemblent à de noirs simulacres taillés dans l'ébène; la dissolution ne peut les attaquer, mais les apparences de la vie leur manquent. Les cadavres ne sont pas retournés à la poussière d'où ils étaient sortis; mais ils se sont pétrifiés sous une forme hideuse qu'on ne saurait regarder sans dégoût ou sans effroi. Ici le corps, préparé soigneusement par des procédés plus sûrs, plus longs et plus coûteux, avait conservé l'élasticité de la chair, le grain de l'épiderme et presque la coloration naturelle; la peau, d'un brun clair, avait la nuance blonde d'un bronze florentin neuf; et ce ton ambré et chaud qu'on admire dans les peintures de Giorgione ou du Titien, enfumées de vernis, ne devait pas différer beaucoup du teint de la jeune Égyptienne en son vivant.

La tête semblait endormie plutôt que morte; les paupières, encore frangées de leurs longs cils, faisaient briller entre leurs lignes d'antimoine des yeux d'émail lustrés des humides lueurs de la vie : on eût dit qu'elles allaient secouer comme un rêve léger leur sommeil de trente siècles. Le nez, mince et fin, conservait ses pures arêtes; aucune dépression ne déformait les joues, arrondies comme le flanc d'un vase; la bouche, colorée d'une faible rougeur, avait gardé ses plis imperceptibles; et sur les lèvres, voluptueusement modelées, voltigeait un mélancolique et mystérieux sourire plein de douceur, de tristesse et de charme : ce sourire tendre et résigné qui plisse d'une si délicieuse moue les bouches des têtes adorables surmontant les vases canopes au Musée du Louvre.

Autour du front uni et bas, comme l'exigent les lois de la beauté antique, se massaient des cheveux d'un noir de jais, divisés et nattés en une multitude de fines cordelettes qui retombaient sur chaque épaule. Vingt épingles d'or, piquées parmi ces tresses comme des fleurs dans une coiffure de bal, étoilaient de points brillants cette épaisse et sombre chevelure, qu'on eût pu croire factice, tant elle était abondante. Deux grandes boucles d'oreilles, arrondies en disques comme de petits boucliers, faisaient frissonner leur lumière jaune à côté de ses joues brunes. Un collier magnifique, composé de trois rangs de divinités et d'amulettes en or et en pierres fines, entourait le col de la coquette momie, et plus bas, sur sa poitrine, descendaient deux autres colliers, dont les perles et les rosettes en or, lapis-lazuli et cornaline, formaient des alternances symétriques du goût le plus exquis.

Une ceinture à peu près du même dessin enserrait sa taille svelte d'un cercle d'or et de pierres de couleur.

Un bracelet à double rang en perles d'or et de cornaline entourait son poignet gauche, et à l'index de la main, du même côté, scintillait un tout petit scarabée en émaux cloisonnés d'or, formant chaton de bague, et maintenu par un fil d'or précieusement natté.

Quelle sensation étrange! se trouver en face d'un être humain qui vivait aux époques où l'histoire bégayait à peine recueillant les contes de la tradition, en face d'une beauté contemporaine de Moïse et conservant encore les formes exquises de la jeunesse; toucher cette petite main douce et imprégnée de parfums qu'avait peut-être baisée un Pharaon; effleurer ces cheveux plus durables que des empires, plus solides que des monuments de granit!

A l'aspect de la belle morte, le jeune lord éprouva ce désir rétrospectif qu'inspire souvent la vue d'un marbre ou d'un tableau représentant une femme du temps passé, célèbre par ses charmes; il lui sembla qu'il aurait aimé, s'il eût vécu trois mille cinq cents ans plus tôt, cette beauté que le néant n'avait pas voulu détruire, et sa pensée sympathique arriva peut-être à l'âme inquiète qui errait autour de sa dépouille profanée.

Beaucoup moins poétique que le jeune lord, le docte Rumphius procédait à l'inventaire des bijoux, sans toutefois les détacher, car Evandale avait désiré qu'on n'enlevât pas à la momie cette frêle et dernière consolation; ôter ses bijoux à une femme même morte, c'est la tuer une seconde fois! quand tout à coup un rouleau de papyrus caché entre le flanc et le bras de la momie frappa les yeux du docteur.

« Ah! dit-il, c'est sans doute l'exemplaire du rituel funéraire qu'on plaçait dans le dernier cercueil, écrit avec plus ou moins de soin selon la richesse et l'importance du personnage. »

Et il se mit à dérouler la bande fragile avec des précautions infinies. Dès que les premières lignes apparurent, Rumphius sembla surpris; il ne reconnaissait pas les figures et les signes ordinaires du rituel; il chercha vainement, à la place consacrée, les vignettes représentant les funérailles et le convoi funèbre qui servent comme de frontispice à ce papyrus; il ne trouva pas non plus la litanie des cent noms d'Osiris, ni le passe-port de l'âme, ni la supplique aux dieux de l'Amenti. Des dessins d'une nature particulière annonçaient des scènes toutes différentes, se rattachant à la vie humaine, et non au voyage de l'ombre dans l'extra-monde. Des chapitres ou des alinéa semblaient indiqués par des caractères tracés en rouge, pour trancher sur le reste du texte écrit en noir, et fixer l'attention du lecteur aux endroits intéressants. Une inscription placée en tête paraissait contenir le titre de l'ouvrage et le nom du grammate qui l'avait écrit ou copié; du moins, c'est ce que crut démêler à première vue la sagace intuition du docteur.

« Décidément, milord, nous avons volé le sieur Argyropoulos, dit Rumphius à Evandale, en lui faisant remarquer toutes les différences du papyrus et des rituels ordinaires. C'est la première fois que l'on trouve un manuscrit égyptien contenant autre chose que des formules hiératiques! Oh! je le déchiffrerai, dussé-je y perdre les yeux! dût ma barbe non coupée faire trois fois le tour de mon bureau! Oui, je t'arracherai ton secret, mystérieuse Égypte; oui, je saurai ton histoire, belle morte, car ce papyrus serré sur ton cœur par ton bras charmant doit la contenir! et je me couvrirai de gloire, et j'égalerai Champollion, et je ferai mourir Lepsius de jalousie! »

. . . .

Le docteur et le lord retournèrent en Europe; la momie, recouverte de toutes ses bandelettes et replacée dans ses trois cercueils, habite, dans le parc de lord Evandale, au Lincolnshire, le sarcophage de basalte qu'il a fait venir à grands frais de Biban-el-Molouk et n'a pas donné au British Muséum. Quelquefois le lord s'accoude sur le sarcophage, paraît rêver profondément et soupire...

Après trois ans d'études acharnées, Rumphius est parvenu à déchiffrer le papyrus mystérieux, sauf quelques endroits altérés ou présentant des signes inconnus, et c'est sa traduction latine, tournée par nous en français, que vous allez lire sous ce nom : le *Roman de la momie*.

FIN DU PROLOGUE.

I

Oph (c'est le nom égyptien de la ville que l'antiquité appelait Thèbes aux cent portes ou Diospolis Magna) semblait endormie sous l'action dévorante d'un soleil de plomb. Il était midi ; une lumière blanche tombait du ciel pâle sur la terre pâmée de chaleur ; le sol brillanté de réverbération luisait comme du métal fourbi, et l'ombre ne traçait plus au pied des édifices qu'un mince filet bleuâtre, pareil à la ligne d'encre dont un architecte dessine son plan sur le papyrus ; les maisons, aux murs légèrement inclinés en talus, flamboyaient comme des briques au four ; les portes étaient closes, et aux fenêtres, fermées de stores en roseaux clissés, nulle tête n'apparaissait.

Au bout des rues désertes, et au-dessus des terrasses, se découpaient, dans l'air d'une incandescente pureté, la pointe des obélisques, le sommet des pylônes, l'entablement des palais et des temples, dont les chapiteaux, à face humaine ou à fleur de lotus, émergeaient à demi, rompant les lignes horizontales des toits et s'élevant comme des écueils parmi l'amas des édifices privés.

De loin en loin, par-dessus le mur d'un jardin, quelque palmier dardait son fût écaillé, terminé par un éventail de feuilles dont pas une ne bougeait, car nul souffle n'agitait l'atmosphère ; des acacias, des sycomores et des figuiers de Pharaon déversaient une cascade de feuillage, tachant d'une étroite ombre bleue la lumière étincelante du terrain ; ces touches vertes animaient et rafraîchissaient l'aridité solennelle du tableau, qui, sans elles, eût présenté l'aspect d'une ville morte.

Quelques rares esclaves de la race Nahasi, au teint noir, au masque simiesque, à l'allure bestiale, bravant seuls l'ardeur du jour, portaient chez leurs maîtres l'eau puisée au Nil dans des jarres suspendues à un bâton posé sur l'épaule ; quoiqu'ils n'eussent pour vêtement qu'un caleçon rayé bridant sur les hanches, leurs torses brillants et polis comme du basalte ruisselaient de sueur, et ils hâtaient le pas pour ne pas brûler la plante épaisse de leurs pieds aux dalles chaudes comme le pavé d'une étuve. Les matelots dormaient dans le naos de leurs canges amarrées au quai de brique du fleuve, sûrs que personne ne les éveillerait pour passer sur l'autre rive, au quartier des Memnonia. Au plus haut du ciel tournoyaient des gypaètes dont le silence général permettait d'entendre le piaulement aigu, qui, à un autre moment du jour, se fût perdu dans la rumeur de la cité; sur les corniches des monuments, deux ou trois ibis, une patte repliée sous le ventre, le bec enfoui dans le jabot, semblaient méditer profondément, et dessinaient leur silhouette grêle sur le bleu calciné et blanchissant qui leur servait de fond.

Cependant tout ne dormait pas dans Thèbes : des murs d'un grand palais, dont l'entablement orné de palmettes traçait sa longue ligne droite sur le ciel enflammé, sortait comme un vague murmure de musique. Ces bouffées d'harmonie se répandaient de temps à autre à travers le tremblement diaphane de l'atmosphère, où l'œil eût pu suivre presque leurs ondulations sonores.

Étouffée par l'épaisseur des murailles, comme par une sourdine, la musique avait une douceur étrange : c'était un chant d'une volupté triste, d'une langueur exténuée, exprimant la fatigue du corps et le découragement de la passion; on y pouvait deviner aussi l'ennui lumineux de l'éternel azur, l'indéfinissable accablement des pays chauds.

En longeant cette muraille, l'esclave, oubliant le fouet du maître, suspendait sa marche et s'arrêtait pour aspirer, l'oreille tendue, ce chant imprégné de toutes les nostalgies secrètes de l'âme, et qui le faisait songer à la patrie perdue, aux amours brisés, et aux insurmontables obstacles du sort.

D'où venait-il, ce chant, ce soupir exhalé à petit bruit dans le silence de la ville? Quelle âme inquiète veillait, lorsque tout dormait autour d'elle?

La façade du palais, tournée vers une place assez vaste, avait cette rectitude de lignes et cette assiette monumentale, type de l'architecture égyptienne civile et religieuse. Cette habitation ne pouvait être que celle d'une famille princière ou sacerdotale; on le devinait au choix des matériaux, au soin de la bâtisse, à la richesse des ornements.

Au centre de la façade s'élevait un grand pavillon flanqué de deux ailes, et surmonté d'un toit formant un triangle écimé. Une large moulure à la gorge profondément évidée et d'un profil saillant terminait la muraille, où l'on ne remarquait d'autre ouverture qu'une porte, non pas placée symétriquement au milieu, mais dans le coin du pavillon, sans doute pour laisser leur liberté de développement aux marches de l'escalier intérieur. Une corniche, du même style que l'entablement, couronnait cette porte unique.

Le pavillon saillait en avant d'une muraille à laquelle s'appliquaient, comme des balcons deux étages de galeries, espèces de portiques ouverts, faits de colonnes d'une fantaisie architecturale singulière ; les bases de ces colonnes représentaient d'énormes boutons de lotus, dont la capsule, se déchirant en lobes dentelés, laissait jaillir, comme un pistil gigantesque, la hampe renflée du bas, amenuisée du haut, étranglée sous le chapiteau par un colier de moulures, et se terminant en fleur épanouie.

Entre les larges baies des entre-colonnements, on apercevait de petites fenêtres à deux vantaux garnis de verres de couleur. Au-dessus régnait un toit en terrasse dallé d'énormes pierres.

Dans ces galeries extérieures, de grands vases d'argile, frottés en dedans d'amandes amères, bouchés de tampons de feuillage et posés sur des trépieds de bois, rafraîchissaient l'eau du Nil aux courants d'air. Des guéridons supportaient des pyramides de fruits, des gerbes de fleurs et des coupes à boire de différentes formes : car les Égyptiens aiment à manger en plein air, et prennent, pour ainsi dire, leurs repas sur la voie publique.

De chaque côté de cet avant-corps s'étendaient des bâtiments n'ayant qu'un rez-de-chaussée, et formés d'un rang de colonnes engagées à mi-hauteur dans une muraille divisée en panneaux de manière à former autour de la maison un promenoir abrité contre le soleil et les regards. Toute cette architecture, égayée de peintures ornementales (car les chapiteaux, les fûts, les corniches, les panneaux, étaient coloriés), produisait un effet heureux et splendide.

En franchissant la porte, on entrait dans une vaste cour entourée d'un portique quadrilatéral, soutenu par des piliers ayant pour chapitaux quatre têtes de femmes aux oreilles de vache, aux longs yeux bridés, au nez légèrement camard, au sourire largement épanoui, coiffées d'un épais bourrelet rayé, qui supportaient un dé de granit.

Sous ce portique s'ouvraient les portes des appartements, où ne pénétrait qu'une lumière adoucie par l'ombre de la galerie.

Au milieu de la cour scintillait sous le soleil une pièce d'eau bordée d'une marge en granit de Syène, et sur laquelle s'étalaient les larges feuilles taillées en cœur de lotus, dont les fleurs roses ou bleues se fermaient à demi, comme pâmées de chaleur, malgré l'eau où elles baignaient.

Dans les plates-bandes encadrant le bassin, étaient plantées des fleurs disposées en éventail sur de petits monticules de terre, et, par les étroits chemins tracés entre les touffes, se promenaient avec précaution deux cigognes familières, faisant de temps à autre claquer leur long bec et palpiter leurs ailes comme si elles voulaient s'envoler.

Aux angles de la cour, quatre grands perséas tordaient leurs troncs et découpaient leurs masses de feuillage d'un vert métallique.

Au fond, une espèce de pylône interrompait le portique, et sa large baie encadrant l'air bleu laissait apercevoir au bout d'un long berceau de treilles un kiosque d'été d'une construction aussi riche qu'élégante.

Dans les compartiments tracés à droite et à gauche de la tonnelle par des arbres nains taillés en cône, verdoyaient des grenadiers, des sycomores, des tamarisques, des périplocas, des mimosas, des acacias, dont les fleurs brillaient comme des étincelles coloriées sur le fond intense du feuillage dépassant la muraille.

La musique faible et douce dont nous avons

parlé sortait d'une des chambres ouvrant leur porte sous le portique intérieur.

Quoique le soleil donnât en plein dans la cour dont le sol brillait inondé d'une lumière crue, une ombre bleue et fraîche, transparente dans son intensité, baignait l'appartement où l'œil, aveuglé par les ardentes réverbérations, cherchait d'abord les formes et finissait par les démêler lorsqu'il s'était habitué à ce demi-jour.

Une teinte lilas tendre colorait les parois de la chambre, autour de laquelle régnait une corniche enluminée de tons éclatants et fleurie de palmettes d'or. Des divisions architecturales heureusement combinées traçaient sur ces espaces plans des panneaux qui encadraient des dessins, des ornements, des gerbes de fleurs, des figures d'oiseaux, des damiers de couleurs contrastées, et des scènes de la vie intime.

Au fond, près de la muraille, se dessinait un lit de forme bizarre, représentant un bœuf coiffé de plumes d'autruche, un disque entre les cornes, aplatissant son dos pour recevoir le dormeur ou la dormeuse sur son mince matelas rouge, arc-boutant contre le sol, en manière de pieds, ses jambes noires terminées par des sabots verts, et retroussant sa queue divisée en deux flocons. Ce quadrupède-lit, cet animal-meuble, eût paru étrange en

tout autre pays que l'Égypte, où les lions et les
chacals se laissent également arranger en lits par
le caprice de l'ouvrier. Devant cette couche était
placé un escabeau à quatre marches, pour y monter; à la tête, un chevet d'albâtre oriental, destiné
à soutenir le col sans déranger la coiffure, se
creusait en demi-lune.

Au milieu, une table de bois précieux travaillé
avec un soin charmant posait son disque sur un
socle évidé. Différents objets l'encombraient : un
pot de fleurs de lotus, un miroir de bronze poli à
pied d'ivoire, une buire d'agate rubanée pleine de
poudre d'antimoine, une spatule à parfums en bois
de sycomore, formée par une jeune fille nue jusqu'aux reins, allongée dans une position de nage et
semblant vouloir soutenir sa cassolette au-dessus
de l'eau.

Près de la table, sur un fauteuil en bois doré, réchampi de rouge, aux pieds bleus, aux bras figurés
par des lions, recouvert d'un épais coussin à fond
pourpre étoilé d'or et quadrillé de noir, dont le
bout débordait en volute par-dessus le dossier,
était assise une jeune femme ou plutôt une jeune
fille d'une merveilleuse beauté, dans une gracieuse
attitude de nonchalance et de mélancolie.

Ses traits, d'une délicatesse idéale, offraient le
plus pur type égyptien, et souvent les sculpteurs

avaient dû penser à elle en taillant les images
d'Isis et d'Hâtor, au risque d'enfreindre les ri-
goureuses lois hiératiques; des reflets d'or et de
rose coloraient sa pâleur ardente, où se dessinaient ses longs yeux noirs, agrandis par une ligne d'antimoine et alanguis d'une indicible tristesse. Ce grand œil sombre, aux sourcils arqués
et aux paupières teintes, prenait une expression
étrange dans ce visage mignon, presque enfantin.
La bouche mi-ouverte, colorée comme une fleur
de grenade, laissait briller entre ses lèvres, un
peu épaisses, un éclair humide de nacre bleuâtre,
et gardait ce sourire involontaire et presque douloureux qui donne un charme si sympathique aux
figures égyptiennes; le nez, légèrement déprimé
à la racine, à l'endroit où les sourcils se confondaient dans une ombre veloutée, se relevait
avec des lignes si pures, des arêtes si fines, et
découpait ses narines d'un trait si net, que toute
femme ou toute déesse s'en serait contentée;
malgré son profil imperceptiblement africain,
le menton s'arrondissait par une courbe d'une
élégance extrême, et brillait poli comme l'ivoire;
les joues, un peu plus développées que chez les
beautés des autres peuples, prêtaient à la physionomie une expression de douceur et de grâce d'un
charme extrême.

Cette belle fille avait pour coiffure une sorte de casque formé par une pintade dont les ailes à demi déployées s'abattaient sur ses tempes, et dont la jolie tête effilée s'avançait jusqu'au milieu de son front, tandis que la queue, constellée de points blancs, se déployait sur sa nuque. Une habile combinaison d'émail imitait à s'y tromper le plumage ocellé de l'oiseau; des pennes d'autruche, implantées dans le casque comme une aigrette, complétaient cette coiffure réservée aux jeunes vierges, de même que le vautour, symbole de la maternité, n'appartient qu'aux femmes.

Les cheveux de la jeune fille, d'un noir brillant, tressés en fines nattes, se massaient de chaque côté de ses joues rondes et lisses, dont ils accusaient le contour, et s'allongeaient jusqu'aux épaules; dans leur ombre luisaient, comme des soleils dans un nuage, de grands disques d'or en façon de boucles d'oreilles; de cette coiffure partaient deux longues bandes d'étoffe aux bouts frangés qui retombaient avec grâce derrière le dos. Un large pectoral composé de plusieurs rangs d'émaux, de perles d'or, de grains de cornaline, de poissons et de lézards en or estampé, couvrait la poitrine de la base du col à la naissance de la gorge, qui transparaissait rose et blanche à travers la trame aérienne de la calasiris. La robe, quadrillée de larges carreaux, se nouait sous le sein au moyen d'une ceinture à bouts flottants, et se terminait par une large bordure à raies transversales garnie de franges. De triples bracelets en grains de lapis-lazuli, striés de distance en distance d'une rangée de perles d'or, cerclaient ses poignets minces, délicats comme ceux d'un enfant; et ses beaux pieds étroits, aux doigts souples et longs, chaussés de tatbebs en cuir blanc gaufré de dessins d'or, reposaient sur un tabouret de cèdre incrusté d'émaux verts et rouges.

Près de Tahoser, c'est le nom de la jeune Égyptienne, se tenait agenouillée, une jambe repliée sous la cuisse et l'autre formant un angle obtus, dans cette attitude que les peintres aiment à reproduire aux murs des hypogées, une joueuse de harpe posée sur une espèce de socle bas, destiné sans doute à augmenter la résonnance de l'instrument. Un morceau d'étoffe rayé de bandes de couleur, et dont les bouts rejetés en arrière flottaient en barbes cannelées, contenait ses cheveux et encadrait sa figure souriante et mystérieuse comme un masque de sphinx. Une étroite robe, ou, pour mieux dire, un fourreau de gaze transparente, moulait exactement les contours juvéniles de son corps élégant et frêle; cette robe, coupée au-dessous du sein, laissait les épaules, la poitrine et les bras libres dans leur chaste nudité.

Un support, fiché dans le socle sur lequel était placée la musicienne, et traversé d'une cheville en forme de clef, servait de point d'appui à la harpe, dont, sans cela, le poids eût pesé tout entier sur l'épaule de la jeune femme. Cette harpe, terminée par une sorte de table d'harmonie, arrondie en conque et coloriée de peintures ornementales, portait, à son extrémité supérieure, une tête sculptée d'Hâtor surmontée d'une plume d'autruche ; les cordes, au nombre de neuf, se tendaient diagonalement et frémissaient sous les doigts longs et menus de la harpiste, qui souvent, pour atteindre les notes graves, se penchait, avec un mouvement gracieux, comme si elle eût voulu nager sur les ondes sonores de la musique, et accompagner l'harmonie qui s'éloignait.

Derrière elle, une autre musicienne debout, qu'on aurait pu croire nue sans le léger brouillard blanc qui atténuait la couleur bronzée de son corps, jouait d'une espèce de mandore au manche démesurément long, dont les trois cordes étaient coquettement ornées, à leur extrémité, de houppes de couleur. Un de ses bras, mince et rond cependant, s'allongeait jusqu'au haut du manche avec une pose sculpturale, tandis que l'autre soutenait l'instrument et agaçait les cordes.

Une troisième jeune femme, que son énorme chevelure faisait paraître encore plus fluette, marquait la mesure sur un tympanon formé d'un cadre de bois légèrement infléchi en dedans et tendu de peau d'onagre.

La joueuse de harpe chantait une mélopée plaintive, accompagnée à l'unisson, d'une douceur inexprimable et d'une tristesse profonde. Les paroles exprimaient de vagues aspirations, des regrets voilés, un hymne d'amour à l'inconnu, et des plainte timides sur la rigueur des dieux et la cruauté du sort.

Tahoser, le coude appuyé sur un des lions de son fauteuil, la main à la joue et le doigt retroussé contre la tempe, écoutait avec une distraction plus apparente que réelle le chant de la musicienne ; parfois un soupir gonflait sa poitrine et soulevait les émaux de son gorgerin ; parfois une lueur humide, causée par une larme qui germait, lustrait le globe de son œil entre les lignes d'antimoine, et ses petites dents mordaient sa lèvre inférieure comme si elle se fût rebellée contre son émotion.

« Satou, fit-elle en frappant l'une contre l'autre ses mains délicates pour imposer silence à la musicienne, qui étouffa aussitôt avec sa paume les vibrations de la harpe, ton chant m'énerve, m'alanguit, et me ferait tourner la tête comme un parfum trop fort. Les cordes de ta harpe semblent tordues avec les fibres de mon cœur et me résonnent douloureusement dans la poitrine ; tu me rends presque honteuse, car c'est mon âme qui pleure à travers ta musique ; et qui peut t'en avoir dit les secrets ?

— Maîtresse, répondit la harpiste, le poëte et le musicien savent tout ; les dieux leur révèlent les choses cachées ; ils expriment dans leurs rhythmes ce que la pensée conçoit à peine et ce que la langue balbutie confusément Mais, si mon chant t'attriste, je puis, en changeant de mode, faire naître des idées plus riantes dans ton esprit. »

Et Satou attaqua les cordes de sa harpe avec une énergie joyeuse et un rhythme vif que le tympanon accentuait de coups pressés ; après ce prélude, elle entonna un chant célébrant les charmes du vin, l'enivrement des parfums et le délire de la danse.

Quelques-unes des femmes qui, assises sur ces pliants à cols de cygnes bleus dont le bec jaune mord les bâtons du siége, ou agenouillées sur des coussins écarlates gonflés de barbe de chardon, gardaient, sous l'influence de la musique de Satou, des poses d'une langueur désespérée, frissonnèrent, ouvrirent les narines, aspirèrent le rhythme magique, se dressèrent sur leurs pieds, et, mues d'une impulsion irrésistible, se mirent à danser.

Une coiffure en forme de casque échancré à l'oreille enveloppait leur chevelure, dont quelques spirales s'échappaient et flagellaient leurs joues brunes, où l'ardeur de la danse mit bientôt des couleurs roses. De larges cercles d'or battaient leur col, et à travers leur longue chemise de gaze, brodée de perles par en haut, on voyait leur corps couleur de bronze jaune doré s'agiter avec une souplesse de couleuvre; elles se tordaient, se cambraient, remuaient leurs hanches cerclées d'une étroite ceinture, se renversaient, prenaient des attitudes penchées, inclinaient la tête à droite et à gauche comme si elles eussent trouvé une volupté secrète à frôler de leur menton poli leur épaule froide et nue, se rengorgeaient comme des colombes, s'agenouillaient et se relevaient, serraient les mains contre leur poitrine ou déployaient moelleusement leurs bras, qui semblaient battre des ailes comme ceux d'Isis et de Nyphtys, traînaient leurs jambes, ployaient leurs jarrets, déplaçaient leurs pieds agiles par de petits mouvements saccadés, et suivaient toutes les ondulations de la musique.

Les suivantes, debout contre la muraille pour laisser le champ libre aux évolutions des danseuses, marquaient le rhythme en faisant craquer leurs doigts ou en frappant l'une contre l'autre la paume de leurs mains. Celles-ci, entièrement nues, n'avaient pour ornement qu'un bracelet en pâte émaillée. Celles-là, vêtues d'un pagne étroit retenu par des bretelles, portaient pour coiffure quelques brins de fleurs tordus. C'était étrange et gracieux. Les boutons et les fleurs, doucement agités, répandaient leurs parfums à travers la salle, et ces jeunes femmes couronnées eussent pu offrir aux poëtes d'heureux sujets de comparaison.

Mais Satou s'était exagéré la puissance de son art. Le rhythme joyeux semblait avoir accru la mélancolie de Tahoser. Une larme roulait sur sa belle joue, comme une goutte d'eau du Nil sur un pétale de nymphæa, et, cachant sa tête contre la poitrine de la suivante favorite qui se tenait accoudée au fauteuil de sa maîtresse, elle murmura dans un sanglot, avec un gémissement de colombe étouffée :

« Oh ! ma pauvre Nofré, je suis bien triste et bien malheureuse ! »

II

Nofré fit un signe, pressentant une confidence ; la harpiste, les deux musiciennes, les danseuses et les suivantes se retirèrent silencieusement à la file, comme les figures peintes sur les fresques. Lorsque la dernière eut disparu, la suivante favorite dit à sa maîtresse d'un ton câlin et compatissant, comme une jeune mère qui berce les petits chagrins de son nourrisson :

« Qu'as-tu, chère maîtresse, pour être triste et malheureuse? N'es-tu pas jeune, belle à faire envie aux plus belles, libre, et ton père, le grand prêtre Pétamounoph, dont la momie ignorée repose dans un riche tombeau, ne t'a-t-il pas laissé de grands biens dont tu disposes à ton gré? Ton palais est très-beau, tes jardins sont très-vastes et arrosés d'eaux transparentes. Tes coffres de pâte émaillée et de bois de sycomore contiennent des colliers, des pectoraux, des gorgerins, des anneaux pour les jambes, des bagues aux chatons finement travaillés ; tes robes, tes calasiris, tes coiffures, dépassent le nombre des jours de l'année; Hôpi-Mou, le père des eaux, recouvre régulièrement de sa vase féconde tes domaines, dont un gypaëte volant à tire-d'aile ferait à peine le tour d'un soleil à l'autre ; et ton cœur, au lieu de s'ouvrir joyeusement à la vie comme un bouton de lotus au mois d'Hâtor ou de Choïack, se referme et se contracte douloureusement. »

Tahoser répondit à Nofré :

« Oui, certes, les dieux des zones supérieures m'ont favorablement traitée; mais qu'importent toutes les choses qu'on possède, si l'on n'a pas la seule qu'on souhaite? Un désir non satisfait rend le riche aussi pauvre dans son palais doré et peint de couleurs vives, au milieu de ses amas de blé, d'aromates et de matières précieuses, que le plus misérable ouvrier des Memnonia qui recueille avec de la sciure de bois le sang des cadavres, ou que le nègre demi-nu manœuvrant sur le Nil sa frêle barque de papyrus, à l'ardeur du soleil de midi. »

Nofré sourit et dit d'un air d'imperceptible raillerie :

« Est-il possible, ô maîtresse! qu'un de tes caprices ne soit pas réalisé sur-le-champ? Si tu rêves d'un bijou, tu livres à l'artisan un lingot d'or pur, des cornalines, du lapis-lazuli, des agates, des hématites, et il exécute le dessin souhaité ; il en est de même pour les robes, les chars, les parfums, les fleurs et les instruments de musique. Tes esclaves, de Philoe à Héliopolis, cherchent pour toi ce qu'il y a de plus beau, de plus rare; si l'Égypte ne renferme pas ce que tu souhaites, les caravanes te l'apportent du bout du monde! »

La belle Tahoser secoua sa jolie tête et parut impatientée du peu d'intelligence de sa confidente.

« Pardon, maîtresse, dit Nofré, se ravisant et comprenant qu'elle avait fait fausse route, je ne songeais pas que depuis quatre mois bientôt le Pharaon est parti pour l'expédition de l'Éthiopie supérieure, et que le bel oëris (officier) qui ne passait pas sous ta terrasse sans lever la tête et ralentir le pas accompagne Sa Majesté. Qu'il avait bonne grâce en son costume militaire! qu'il était beau, jeune et vaillant!

Comme si elle eût voulu parler, Tahoser ouvrit à demi ses lèvres roses; mais un léger nuage de pourpre se répandit sur ses joues, elle pencha la tête, et la phrase prête à s'envoler ne déploya pas ses ailes sonores.

La suivante crut qu'elle avait touché juste et continua :

« En ce cas, maîtresse, ton chagrin va cesser : ce matin un coureur haletant est arrivé, annonçant la rentrée triomphale du roi avant le coucher du soleil. N'entends-tu pas déjà mille rumeurs bourdonner confusément dans la cité, qui sort de sa torpeur méridienne? Écoute ! les roues des chars résonnent sur les dalles des rues ; et déjà le peuple se porte en masses compactes vers la rive du fleuve pour le traverser et se rendre au champ de manœuvre. Secoue ta langueur, et toi aussi viens voir ce spectacle admirable. Quand on est triste, il faut se mêler à la foule. La solitude nourrit les pensées sombres. Du haut de son char de guerre, Ahmosis te décochera un gracieux sourire, et tu rentreras plus gaie à ton palais.

— Ahmosis m'aime, répondit Tahoser, mais je ne l'aime pas.

— Propos de jeune vierge, » répliqua Nofré, à qui le beau chef militaire plaisait fort, et qui croyait jouée la nonchalance dédaigneuse de Tahoser. En effet, Ahmosis était charmant : son profil ressemblait aux images des dieux taillées par les plus habiles sculpteurs; ses traits fiers, réguliers, égalaient en beauté ceux d'une femme ; son nez légèrement aquilin, ses yeux d'un noir brillant, agrandis d'antimoine, ses joues aux contours polis, d'un grain aussi doux que celui de l'albâtre

oriental, ses lèvres bien modelées, l'élégance de
sa haute taille, son buste aux épaules larges, aux
hanches étroites, ses bras vigoureux où cependant
nul muscle ne faisait saillir son relief grossier,
avaient tout ce qu'il faut pour séduire les plus dif-
ficiles; mais Tahoser ne l'aimait pas, quoi qu'en
pensât Nofré.

Une autre idée qu'elle n'exprima pas, car elle
ne croyait pas Nofré capable de la comprendre,
détermina la jeune fille : elle secoua sa nonchalance, quitta son fauteuil avec une vivacité qu'on
n'aurait pas attendue d'elle, à l'attitude brisée
qu'elle avait gardée pendant les chœurs et les
danses. Nofré, agenouillée à ses pieds, lui chaussa
des espèces de patins au bec recourbé, jeta de la
poudre odorante sur ses cheveux, tira d'une boîte
quelques bracelets en forme de serpent, quelques
bagues ayant pour chaton le scarabée sacré; lui
mit aux joues un peu de fard vert, que le contact
de la peau fit immédiatement rosir; polit ses ongles
avec un cosmétique; rajusta les plis un peu frois-
sés de sa calasiris, en suivante zélée, qui veut faire
paraître sa maîtresse dans tous ses avantages;
puis elle appela deux ou trois serviteurs, et leur
dit de faire préparer la barque et passer de l'autre côté du fleuve le chariot et son attelage.

Le palais, ou, si ce titre semble trop pompeux, la maison de Tahoser s'élevait tout près du Nil, dont elle n'était séparée que par des jardins. La fille de Pétamounoph, la main posée sur l'épaule de Nofré, précédée de ses serviteurs, suivit jusqu'à la porte d'eau la tonnelle, dont les pampres, tamisant le soleil, bigarraient d'ombre et de clair sa charmante figure. Elle arriva bientôt sur un large quai de brique, où fourmillait une foule immense, attendant le départ ou le retour des embarcations.

Oph, la colossale cité, ne renfermait plus dans son sein que les malades, les infirmes, les vieillards incapables de se mouvoir, et les esclaves chargés de garder les maisons : par les rues, par les places, par les dromos, par les allées de sphinx, par les pylônes, par les quais, coulait un fleuve d'êtres humains se dirigeant vers le Nil. La variété la plus étrange bariolait cette multitude ; les Égyptiens formaient la masse et se reconnaissaient à leur profil pur, à leur taille svelte et haute, à leur robe de fin lin, ou à leur calasiris soigneusement plissée; quelques-uns, la tête enveloppée dans une étoffe à raies bleues ou vertes, les reins serrés d'un étroit caleçon, montraient jusqu'à la ceinture leur torse nu couleur d'argile cuite.

Sur ce fond indigène tranchaient des échantil-

lons divers de races exotiques : les nègres du haut
Nil, noirs conmme des dieux de basaltes, les
bras cerclés de larges anneaux d'ivoire et faisant
balancer à leurs oreilles de sauvages ornements;
les Éthiopiens bronzés, à la mine farouche, inquiets malgré eux dans cette civilisation, comme
des bêtes sauvages au plein jour; les Asiatiques au
teint jaune clair, aux yeux d'azur, à la barbe fri-
sée en spirales, coiffés d'une tiare maintenue par
un bandeau, drapés d'une robe à frange cha-
marrée de broderies; les Pélasges vêtus de peaux
de bêtes, rattachées à l'épaule, laissant voir leurs
bras et leurs jambes bizarrement tatoués, et portant des plumes d'oiseaux sur leur tête, d'où pendaient deux nattes de cheveux que terminait une
mèche aiguisée en accroche-cœur.

A travers cette foule s'avançaient gravement des
prêtres à la tête rasée, une peau de panthère
tournée autour du corps, de façon que le mufle
de l'animal simulât une boucle de ceinture, des
souliers de biblos aux pieds, à la main une haute
canne d'acacia, gravée de caractères hiéroglyphiques; des soldats, leur poignard à clous d'argent
au côté, leur bouclier sur le dos, leur hache de
bronze au poing; des personnages recommanda-
bles, à la poitrine décorée de gorgerins honorifi-
ques, que saluaient bas les esclaves en mettant leurs

mains près de terre. Se glissant le long des murs d'un air humble et triste, de pauvres femmes demi-nues cheminaient, courbées sous le poids de leurs enfants suspendus à leur cou dans des lambeaux d'étoffe ou des couffes de sparterie, tandis que les belles filles, accompagnées de trois ou quatre suivantes, passaient fièrement sous leur longues robes transparentes nouées au-dessous du sein d'écharpes à bouts flottants, avec un scintillement d'émaux, de perles et d'or, et une fragrance de fleurs et d'aromates.

Parmi les piétons filaient des litières portées par des Éthiopiens au pas rapide et rhythmique; des chars légers attelés de chevaux fringants aux têtes empanachées, des chariots à bœufs d'une allure pesante et contenant une famille. A peine si la foule, insouciante d'être écrasée, s'ouvrait pour leur faire place, et souvent les conducteurs étaient obligés de frapper de leur fouet les retardataires ou les obstinés qui ne s'écartaient pas.

Un mouvement extraordinaire avait lieu sur le fleuve, couvert, malgré sa largeur, à ne pas en apercevoir l'eau, dans toute la longueur de la ville, de barques de toute espèce; depuis la cange à la proue et à la poupe élevées, au naos chamarré de couleurs et de dorures, jusqu'au mince esquif de papyrus, tout était employé. On n'avait pas même dédaigné les bateaux à passer le bétail et à transporter les fruits, les radeaux de joncs soutenus par des outres qu'on charge ordinairement de vases d'argile.

Ce n'était pas une mince besogne de transvaser d'un bord du fleuve à l'autre une population de plus d'un million d'âmes, et il fallait pour l'opérer toute l'adresse active des matelots de Thèbes.

L'eau du Nil, battue, fouettée, divisée par les rames, les avirons, les gouvernails, écumait comme une mer, et formait mille remous qui rompaient la force du courant.

La structure des barques était aussi variée que pittoresque : les unes se terminaient à chaque extrémité par une grande fleur de lotus recourbée en dedans et serrée à sa tige d'une cravate de banderoles; les autres se bifurqaient à la poupe et s'aiguisaient en pointe ; celles-ci s'arrondissaient en croissant et se relevaient aux deux bouts; celles-là portaient des espèces de châteaux ou plates-formes où se tenaient debout les pilotes; quelques-unes consistaient en trois bandes d'écorce reliées avec des cordes et manœuvrées par une pagaie. Les bateaux destinés au transport des animaux et des chars étaient accolés bord à bord, et supportaient un plancher sur lequel se remployait un pont volant permettant d'embarquer et de débarquer sans peine : le nombre en était grand. Les chevaux surpris hennissaient et frappaient le bois de leur corne sonore ; les bœufs tournaient avec inquiétude du côté de la rive leurs mufles lustrés d'où pendaient des filaments de bave, et se calmaient sous les caresses des conducteurs.

Les contre-maîtres marquaient le rhythme aux rameurs en heurtant l'une contre l'autre la paume de leurs mains ; les pilotes, juchés sur la poupe ou se promenant sur le toit des naos, criaient leurs ordres, indiquant les manœuvres nécessaires pour se diriger à travers le dédale mouvant des embarcations. Parfois, malgré les précautions les bateaux se choquaient, et les mariniers échangeaient des injures ou se frappaient de leurs rames.

Ces milliers de nefs, peintes la plupart en blanc et relevées d'ornements verts, bleus et rouges, chargées d'hommes et de femmes vêtus de costumes multicolores, faisaient disparaître entièrement le Nil sur une surface de plusieurs lieues, et présentaient, sous la vive couleur du soleil d'Égypte, un spectacle d'un éclat éblouissant dans sa mobilité ; l'eau agitée en tous sens fourmillait, scintillait, miroitait comme du vif-argent, et ressemblait à un soleil brisé en millions de pièces.

Tahoser entra dans sa cange, décorée avec une

richesse extrême, dont le centre était occupé par une cabine ou naos à l'entablement surmonté d'une rangée d'uræus, aux angles équarris en piliers, aux parois bariolées de dessins symétriques. Un habitacle à toit aigu chargeait la poupe, contre-balancé à l'autre extrémité par une sorte d'autel enjolivé de peintures. Le gouvernail se composait de deux immenses rames terminées en tête d'Hâtor, nouées au col de longs bouts d'étoffe et jouant sur des pieux échancrés. Au mât dressé palpitait, car le vent d'est venait de se lever, une voile oblongue fixée à deux vergues, dont la riche étoffe était brodée et peinte de losanges, de chevrons, de quadrilles, d'oiseaux, d'animaux chimériques aux couleurs éclatantes; à la vergue inférieure pendait une frange de grosses houppes.

L'amarre dénouée et la voile tournée au vent, la cange s'éloigna de la rive, divisant de sa proue les agrégations de barques dont les rames s'enchevêtraient et s'agitaient comme des pattes de scarabées retournés sur le dos; elle filait insouciamment au milieu d'un concert d'injures et de cris; sa force supérieure lui permettait de dédaigner des chocs qui eussent coulé bas des embarcations plus frêles. D'ailleurs, les matelots de Tahoser étaient si habiles, que la cange qu'ils dirigeaient semblait douée d'intelligence, tant elle obéissait avec promptitude au gouvernail et se détournait à propos des obstacles sérieux. Elle eut bientôt laissé derrière elle les bateaux appesantis, dont le naos plein de passagers à l'intérieur était encore chargé sur le toit de trois ou quatre rangées d'hommes, de femmes et d'enfants accroupis dans l'attitude si chère au peuple égyptien. A voir ces personnages agenouillés ainsi, on les eût pris pour les juges assesseurs d'Osiris, si leur physionomie, au lieu d'exprimer le recueillement propre à des conseillers funèbres, n'eût respiré la gaieté la plus franche. En effet, le Pharaon revenait vainqueur et ramenait un immense butin. Thèbes était dans la joie, et sa population tout entière allait au-devant du favori d'Ammon-Ra, seigneur des diadèmes, modérateur de la région pure, Aroëris tout-puissant, roi-soleil et conculcateur des peuples !

La cange de Tahoser atteignit bientôt la rive opposée. La barque qui portait le char aborda presque en même temps : les bœufs passèrent sur le pont volant et furent placés sous le joug en quelques minutes par les serviteurs alertes débarqués avec eux.

Ces bœufs blancs, tachetés de noir, étaient coiffés d'une sorte de tiare recouvrant en partie le joug attaché au timon et maintenu par deux larges courroies de cuir, dont l'une entourait leur col, et dont l'autre reliée à la première, leur passait sous le ventre. Leurs garrots élevés, leurs larges fanons, leurs jarrets secs et nerveux, leurs sabots mignons et brillants comme de l'agate, leur queue au flocon soigneusement peigné, montraient qu'ils étaient de race pure, et que les pénibles travaux des champs ne les avaient jamais déformés. Ils avaient cette placidité majestueuse d'Apis, le taureau sacré, lorsqu'il reçoit les hommages et les offrandes. Le char, d'une légèreté extrême, pouvait contenir deux ou trois personnes debout; sa caisse demi-circulaire, couverte d'ornements et de dorures distribués en lignes d'une courbe gracieuse, était soutenue par une sorte d'étançon diagonal dépassant un peu le rebord supérieur, et auquel le voyageur s'accrochait de la main lorsque la route était raboteuse ou l'allure de l'attelage rapide; sur l'essieu, placé à l'arrière de la caisse pour adoucir les cahots, pivotaient deux roues à six rayons que maintenaient des clavettes rivées. Au bout d'une hampe plantée dans le fond du char s'épanouissait un parasol figurant des feuilles de palmier.

Nofré, penchée sur le rebord du char, tenait les rênes des bœufs bridés comme des chevaux, et conduisait le char suivant la coutume égyptienne, tandis que Tahoser, immobile à côté d'elle, appuyait sa main, constellée de bagues depuis le petit doigt jusqu'au pouce, à la moulure dorée de la conque.

Ces deux belles filles, l'une étincelante d'émaux et de pierres précieuses, l'autre à peine voilée d'une transparente tunique de gaze, formaient un groupe charmant sur ce char aux brillantes couleurs. Huit ou dix serviteurs, vêtus d'une cotte à raies obliques dont les plis se massaient par devant, accompagnaient l'équipage, se réglant sur l'allure des bœufs.

De ce côté du fleuve l'affluence n'était pas moins grande ; les habitants du quartier des Memnonia et des villages circonvoisins arrivaient de leur côté, et à chaque instant les barques, déposant leur charge sur le quai de briques, apportaient de nouveaux curieux qui épaississaient la foule. D'innombrables chars, se dirigeant vers le champ de manœuvre, faisaient rayonner leurs roues comme des soleils parmi la poussière dorée qu'ils soulevaient. Thèbes, à ce moment, devait être déserte comme si un conquérant eût emmené son peuple en captivité.

Le cadre était d'ailleurs digne du tableau. Au milieu de verdoyantes cultures, d'où jaillissaient des aigrettes de palmiers-doums, se dessinaient, vivement coloriés, des habitations de plaisance, des palais, des pavillons d'été entourés de sycomores et de mimosas. Des bassins miroitaient au soleil, des vignes enlaçaient leurs festons à des treillages voûtés ; au fond, se découpait la gigantesque silhouette du palais Rhamsès-Meïamoun, avec ses pylônes démesurés, ses murailles énormes, ses mâts dorés et peints, dont les banderoles flottaient au vent ; plus au nord, les deux colosses qui trônent avec une pose d'éternelle impassibilité, montagnes de granit à forme humaine, devant l'entrée de l'Aménophium, s'ébauchaient dans une demi-teinte bleuâtre, masquant à demi le Rhamesséium plus lointain et le tombeau en retraite du grand prêtre, mais laissant entrevoir par un de ses angles le palais de Ménephta.

Plus près de la chaîne libyque, le quartier des Memnonia, habité par les colchytes, les paraschistes et les tarischeutes, faisait monter dans l'air bleu les rousses fumées de ses chaudières de natron : car le travail de la mort ne s'arrête jamais, et la vie a beau se répandre tumultueuse, les bandelettes se préparent, les cartonnages se moulent, les cercueils se couvrent d'hiéroglyphes, et quelque cadavre froid, allongé sur le lit funèbre à pieds de lion ou de chacal, attend qu'on lui fasse sa toilette d'éternité.

A l'horizon, mais rapprochées par la transparence de l'air, les montagnes libyques découpaient sur le ciel pur leurs dentelures calcaires, et leurs masses arides évidées par les hypogées et les syringes.

Lorsqu'on se tournait vers l'autre rive, la vue n'était pas moins merveilleuse : les rayons du soleil coloraient en rose, sur le fond vaporeux de la chaîne arabique, la masse gigantesque du palais du Nord, que l'éloignement pouvait à peine diminuer, et qui dressait ses montagnes de granit, sa forêt de colonnes géantes, au-dessus des habitations à toit plat.

Devant le palais s'étendait une vaste esplanade descendant au fleuve par deux escaliers placés à ses angles; au milieu, un dromos de criosphinx, perpendiculaire au Nil, conduisait à un pylône démesuré, précédé de deux statues colossales et d'une paire d'obélisques dont les pyramidions, dépassant sa corniche, découpaient leur pointe couleur de chair sur l'azur uni du ciel.

En recul au-dessus de la muraille d'enceinte se présentait par sa face latérale le temple d'Ammon; et plus à droite s'élevaient le temple de Khons et le temple d'Opht; un gigantesque pylône vu de profil et tourné vers le midi, deux obélisques de soixante coudées de haut, marquaient le commencement de cette prodigieuse allée de deux mille sphinx à corps de lion et à tête de bélier, se prolongeant du palais du nord au palais du sud ; sur les piédestaux l'on voyait s'évaser les croupes énormes de la première rangée de ces monstres tournant le dos au Nil.

Plus loin s'ébauchaient vaguement dans une lumière rosée des corniches où le globe mystique déployait ses vastes ailes, des têtes de colosses à figure placide, des angles d'édifices immenses, des aiguilles de granit, des superpositions de terrasses, des bouquets de palmiers, s'épanouissant comme des touffes d'herbe entre ces prodigieux entassements ; et le palais du sud développait ses hautes parois coloriées, ses mâts pavoisés, ses portes en talus, ses obélisques et ses troupeaux de sphinx.

Au delà, tant que la vue pouvait s'étendre, Oph se déployait avec ses palais, ses colléges de prêtres, ses maisons, et de faibles lignes bleues indiquaient aux derniers plans la crête de ses murailles et le sommet de ses portes.

Tahoser regardait vaguement cette perspective familière pour elle, et ses yeux distraits n'exprimaient aucune admiration ; mais, en passant devant une maison presque enfouie dans une touffe de luxuriante végétation, elle sortit de son apathie, sembla chercher du regard sur la terrasse et à la galerie extérieure une figure connue.

Un beau jeune homme, nonchalamment appuyé à une des colonnettes du pavillon, paraissait regarder la foule ; mais ses prunelles sombres, devant lesquelles semblait danser un rêve, ne s'arrêtèrent pas sur le char qui portait Tahoser et Nofré.

Cependant la petite main de la fille de Pétamounoph s'accrochait nerveusement au rebord du char. Ses joues avaient pâli sous la légère couche de fard dont Nofré les avait peintes, et, comme si elle défaillait, à plusieurs reprises elle aspira l'odeur de son bouquet de lotus.

III

Malgré sa perspicacité habituelle, Nofré n'avait pas remarqué l'effet produit sur sa maîtresse par le dédaigneux inconnu : elle n'avait vu ni sa pâleur suivie d'une rougeur foncée, ni la lueur plus vive de son regard, ni entendu le bruissement des émaux et des perles de ses colliers, que soulevait le mouvement de sa gorge palpitante; il est vrai que son attention tout entière était occupée à diriger son attelage, chose assez difficile parmi les masses de plus en plus compactes de curieux accourus pour assister à la rentrée triomphale du Pharaon.

Enfin leur char arriva au champ de manœuvre, immense enceinte aplanie avec soin pour le déploiement des pompes militaires : des terrassements, qui avaient dû employer pendant des années les bras de trente nations emmenées en esclavage, formaient un cadre en relief au gigantesque parallélogramme; des murs de briques crues formant talus revêtaient ces terrassements; leurs crêtes étaient garnies, sur plusieurs rangées de profondeur, par des centaines de mille d'Égyptiens dont les costumes blancs ou bigarrés de couleurs vives papillotaient au soleil dans ce fourmillement perpétuel qui caractérise la multitude, même lorsqu'elle semble immobile; en arrière de ce cordon de spectateurs, les chars, les chariots, les litières, gardés par les cochers, les conducteurs et les esclaves, avaient l'aspect d'un campement de peuple en migration, tant le nombre en était considérable : car Thèbes, la merveille du monde antique, comptait plus d'habitants que certains royaumes.

Le sable uni et fin de la vaste arène bordée d'un million de têtes scintillait de points micacés, sous la lumière tombant d'un ciel bleu comme l'émail des statuettes d'Osiris.

Sur le côté sud du champ de manœuvre, le revêtement s'interrompait et laissait déboucher dans la place une route se prolongeant vers l'Éthiopie supérieure, le long de la chaîne libyque. A l'angle opposé, le talus coupé permettait au chemin de se continuer jusqu'au palais de Rhamsès-Meïamoun, en passant à travers les épaisses murailles de brique.

La fille de Pétamounoph et Nofré, à qui les

serviteurs avaient fait faire place, se tenaient à cet angle, sur le sommet du talus, de façon à voir défiler tout le cortége sous leurs pieds.

Une prodigieuse rumeur, sourde, profonde et puissante comme celle d'une mer qui approche, se fit entendre dans le lointain et couvrit les mille susurrements de la foule : ainsi le rugissement du lion fait taire les miaulements d'une troupe de chacals. Bientôt le bruit particulier des instruments se détacha de ce tonnerre terrestre produit par le roulement des chars de guerre et le pas rhythmé des combattants à pied; une sorte de brume roussâtre, comme celle que soulève le vent du désert, envahit le ciel de ce côté, et pourtant la brise était tombée ; il n'y avait pas un souffle d'air, et les branches les plus délicates des palmiers restaient immobiles comme si elles eussent été sculptées dans le granit des chapiteaux ; pas un cheveu ne frissonnait sur la tempe moite des femmes, et les barbes cannelées de leurs coiffures s'allongeaient flasquement derrière leur dos. Ce brouillard poudreux était produit par l'armée en marche, et planait au-dessus d'elle comme un nuage fauve.

Le tumulte augmentait; les tourbillons de poussière s'ouvrirent, et les premières files de musiciens débouchèrent dans l'immense arène, à la grande satisfaction de la multitude, qui, malgré son respect pour la majesté pharaonique, commençait à se lasser d'attendre sous un soleil qui eût fait fondre tout autre crâne que des crânes égyptiens.

L'avant-garde des musiciens s'arrêta quelques instants ; des colléges de prêtres, des députations des principaux habitants de Thèbes, traversèrent le champ de manœuvre pour aller au-devant du Pharaon, et se rangèrent en haie dans les poses du respect le plus profond, de manière à laisser le passage libre au cortége.

La musique, qui, à elle seule, eût pu former une petite armée, se composait de tambours, de tambourins, de trompettes et de sistres.

Le premier peloton passa, sonnant une retentissante fanfare de triomphe dans ses courts clairons de cuivre brillants comme de l'or. Chacun de ces musiciens portait un second clairon sous le bras, comme si l'instrument avait dû se fatiguer plutôt que l'homme. Le costume de ces trompettes consistait en une sorte de courte tunique serrée par une ceinture dont les larges bouts retombaient par devant ; une bandelette où s'implantaient deux plumes d'autruche divergentes serrait leur épaisse chevelure. Ces plumes ainsi posées rappelaient les antennes des scarabées et donnaient à ceux qui en étaient coiffés une bizarre apparence d'insectes.

Les tambours, vêtus d'une simple cotte plissée et nus jusqu'à la ceinture, frappaient avec des baguettes en bois de sycomore la peau d'onagre de leurs caisses au ventre bombé, suspendues à un baudrier de cuir, d'après le rhythme que leur indiquait en tapant dans ses mains un maître tambour qui se retournait souvent vers eux.

Après les tambours venaient les joueurs de sistre, qui secouaient leur instrument par un geste brusque et saccadé, et faisaient sonner, à intervalles mesurés, les anneaux de métal sur les quatre tringles de bronze.

Les tambourins portaient transversalement devant eux leur caisse oblongue, rattachée par une écharpe passée derrière le col, et frappaient à pleins poings la peau tendue aux deux bouts.

Chaque corps de musique ne comptait pas moins de deux cents hommes; mais l'ouragan de bruit que produisaient clairons, tambours, sistres, tambourins, et qui eût fait saigner les oreilles dans l'intérieur d'un palais, n'avait rien de trop éclatant ni de trop formidable sous la vaste coupole du ciel, au milieu de cet immense espace, parmi ce peuple bourdonnant, en tête de cette armée à lasser les nomenclateurs, qui s'avançait avec le grondement des grandes eaux.

Était-ce trop d'ailleurs de huit cents musiciens pour précéder un Pharaon bien-aimé d'Amoun-Ra, représenté par des colosses de basalte et de granit de soixante coudées de haut, ayant son nom écrit dans des cartouches sur des monuments impérissables, et son histoire sculptée et peinte sur les murs des salles hypostyles, sur les parois des pylônes, en interminables bas-reliefs, en fresques sans fin? était-ce trop, en vérité, pour un roi soulevant par leur chevelure cent peuples conquis, et du haut de son trône morigénant les nations avec son fouet, pour un Soleil vivant brûlant les yeux éblouis, pour un dieu, à l'éternité près?

Après la musique arrivaient les captifs barbares, à tournures étranges, à masque bestial, à peau noire, à chevelure crépue, ressemblant autant au singe qu'à l'homme, et vêtus du costume de leur pays ; une jupe au-dessus des hanches et retenue par une bretelle unique, brodée d'ornements de couleurs diverses.

Une cruauté ingénieuse et fantasque avait présidé à l'enchaînement de ces prisonniers. Les uns étaient liés derrière le dos par les coudes; les autres par les mains élevées au-dessus de la tête, dans la position la plus gênante ; ceux-ci avaient les poignets pris dans des cangues de bois; ceux-là, le col étranglé dans un carcan ou dans une corde qui enchaînait toute une file, faisant un nœud à chaque victime. Il semblait qu'on eût pris plaisir à contrarier autant que possible les attitudes humaines, en garrottant ces malheureux, qui s'avançaient devant leur vainqueur d'un pas gauche et contraint, roulant de gros yeux et se livrant à des contorsions arrachées par la douleur.

Des gardiens marchant à côté d'eux réglaient leur allure à coups de bâton.

Des femmes basanées, aux longues tresses pendantes, portant leurs enfants dans un lambeau d'étoffe noué à leur front, venaient derrière, honteuses, courbées, laissant voir leur nudité grêle et difforme, vil troupeau dévoué aux usages les plus infimes.

D'autres, jeunes et belles, la peau d'une nuance moins foncée, les bras ornés de larges cercles d'ivoire, les oreilles allongées par de grands disques de métal, s'enveloppaient de longues tuniques à manches larges, entourées au col d'un ourlet de broderies et tombant à plis fins et pressés jusque sur leurs chevilles, où bruissaient des anneaux ; pauvres filles arrachées à leur patrie, à leurs parents, à leurs amours peut-être, elles souriaient cependant à travers leurs larmes, car le pouvoir de la beauté est sans bornes, l'étrangeté fait naitre le caprice, et peut-être la faveur royale attendait-elle une de ces captives barbares dans les profondeurs secrètes du gynécée.

Des soldats les accompagnaient et les préservaient du contact de la foule.

Les porte-étendard venaient ensuite, élevant les hampes dorées de leurs enseignes représentant des baris mystiques, des éperviers sacrés, des têtes d'Hâtor surmontées de plumes d'autruche, des ibex ailés, des cartouches historiés au nom du roi, des crocodiles et autres symboles religieux ou guerriers. A ces étendards étaient nouées de longues cravates blanches, ocellées de points noirs que le mouvement de la marche faisait gracieusement voltiger.

A l'aspect des étendards annonçant la venue du Pharaon, les députations de prêtres et de notables tendirent vers lui leurs mains suppliantes, ou les laissèrent pendre sur leurs genoux, les paumes tournées en l'air. Quelques-uns même se prosternèrent, les coudes serrés au long du corps, le front dans la poudre, avec des attitudes de soumission absolue et d'adoration profonde; les spectateurs agitaient en tous sens leurs grandes palmes.

Un héraut ou lecteur, tenant à la main un rouleau couvert de signes hiéroglyphiques, s'avança tout seul entre les porte-étendard et les thuriféraires qui précédaient la litière du roi.

Il proclamait d'une voix forte, retentissante comme une trompette d'airain, les victoires du Pharaon : il disait les fortunes des divers combats, le nombre des captifs et des chars de guerre enlevés à l'ennemi, le montant du butin, les mesures de poudre d'or, les dents d'éléphant, les plumes d'autruche, les masses de gomme odorante, les girafes, les lions, les panthères et autres animaux rares; il citait le nom des chefs barbares tués par les javelines ou les flèches de Sa Majesté, l'Aroëris tout-puissant, le favori des dieux.

A chaque énonciation, le peuple poussait une clameur immense, et, du haut des talus, jetait sur la route du vainqueur de longues branches vertes des palmiers qu'il balançait.

Enfin le Pharaon parut!

Des prêtres, se retournant à intervalles égaux, allongeaient vers lui leurs amschirs après avoir jeté de l'encens sur les charbons allumés dans la petite coupe de bronze, soutenue par une main emmanchée d'une espèce de sceptre terminé à l'autre bout par une tête d'animal sacré, et marchaient respectueusement à reculons pendant que la fumée odorante et bleue montait aux narines du triomphateur, en apparence indifférent à ces honneurs comme une divinité de bronze ou de basalte.

Douze oëris ou chefs militaires, la tête couverte d'un léger casque surmonté d'une plume d'autruche, le torse nu, les reins enveloppés d'un pagne à plis roides, portant devant eux leur targe suspendue à leur ceinture, soutenaient une sorte de pavois sur lequel posait le trône du Pharaon. C'était un siége à pieds et à bras de lion, au dossier élevé, garni d'un coussin débordant, orné sur sa face latérale d'un lacis de fleurs roses et bleues; les pieds, les bras, les nervures du trône, étaient dorés, et de vives couleurs remplissaient les places laissées vides par la dorure.

De chaque côté du brancard, quatre flabellifères agitaient au bout de hampes dorées d'énormes éventails de plumes d'une forme semi-circulaire; deux prêtres soulevaient une grande corne d'abondance richement ornementée, d'où retombaient en gerbes de gigantesques fleurs de lotus.

Le Pharaon était coiffé d'un casque allongé en mitre, découpant par une échancrure la conque de l'oreille et se rabattant vers la nuque pour la protéger. Sur le fond bleu du casque scintillait un semis de points semblables à des prunelles d'oiseau et formés de trois cercles noirs, blancs et rouges; un liséré écarlate et jaune en garnissait le bord, et la vipère symbolique, tordant ses anneaux d'or sur la partie antérieure, se redressait et se rengorgeait au-dessus du front royal; deux longues barbes cannelées et de couleur pourpre flottaient sur les épaules et complétaient cette coiffure d'une majestueuse élégance.

Un large gorgerin à sept rangs d'émaux, de pierres précieuses et de perles d'or, s'arrondissait sur la poitrine du Pharaon et jetait de vives lueurs au soleil. Pour vêtement supérieur il portait une espèce de brassière quadrillée de rose et de noir, dont les bouts allongés en bandelettes tournaient plusieurs fois autour du buste et le serraient étroitement; les manches, coupées à la hauteur du biceps et bordées de lignes transversales d'or, de rouge et de bleu, laissaient voir des bras ronds et forts, dont le gauche était garni d'un large poignet de métal destiné à amortir le frôlement de la corde lorsque le Pharaon décochait une flèche de son arc triangulaire, et dont le droit, orné d'un bracelet composé d'un serpent enroulé plusieurs fois sur lui-même, tenait un long sceptre d'or terminé par un bouton de lotus. Le reste du corps était enveloppé d'une draperie du plus fin lin à plis multipliés, arrêtée aux hanches par une ceinture imbriquée de plaquettes en émail et en or. Entre la brassière et la ceinture, le torse apparaissait, luisant et poli comme le granit rose travaillé par un ouvrier habile. Des sandales à pointes recourbées, pareilles à des patins, chaussaient ses pieds étroits et longs, rapprochés l'un de l'autre comme les pieds des dieux sur les murailles des temples.

Sa figure lisse, imberbe, aux grands traits purs, qu'il ne semblait au pouvoir d'aucune émotion humaine de déranger et que le sang de la vie vulgaire ne colorait pas, avec sa pâleur morte, ses lèvres scellées, ses yeux énormes, agrandis de lignes noires, dont les paupières ne s'abaissaient non plus que celles de l'épervier sacré, inspirait par son immobilité même une respectueuse épouvante. On eût dit que ces yeux fixes ne regardaient que l'éternité et l'infini; les objets environnants ne paraissaient pas s'y refléter. Les satiétés de la jouissance, le blasement des volontés satisfaites aussitôt qu'exprimées, l'isolement du demi-dieu qui n'a pas de semblables parmi les mortels, le dégoût des adorations et comme l'ennui du triomphe, avaient figé à jamais cette physionomie, implacablement douce et d'une sérénité granitique. Osiris jugeant les âmes n'eût pas eu l'air plus majestueux et plus calme.

Un grand lion privé, couché à côté de lui sur le brancard, allongeait ses énormes pattes comme un sphinx sur son piédestal, et clignait ses prunelles jaunes.

Une corde, attachée à la litière, reliait au Pharaon les chars de guerre des chefs vaincus ; il les traînait derrière lui, comme des animaux à la laisse. Ces chefs, à l'attitude morne et farouche, dont les coudes rapprochés par une ligature formaient un angle disgracieux, vacillaient gauchement à la trépidation des chars, que menaient des cochers égyptiens.

Ensuite venaient les chars de guerre des jeunes princes de la famille royale ; des chevaux de race pure, aux formes élégantes et nobles, aux jambes fines, aux jarrets nerveux, à la crinière taillée en brosse, les traînaient, attelés deux à deux, en secouant leurs têtes empanachées de plumes rouges, ornées de têtières et de frontaux à bossettes de métal. Un timon courbe appuyait sur leurs garrots garnis de panneaux écarlates deux sellettes surmontées de boules en airain poli, et que réunissait un joug léger, infléchi comme un arc dont les cornes rebrousseraient ; une sous-ventrière et une courroie pectorale richement piquée et brodée de riches housses rayées de bleu ou de rouge et frangées de houppes, complétaient ce harnachement solide, gracieux et léger.

La caisse du char, peinte de rouge et de vert, garnie de plaques et de demi-sphères de bronze, semblable à l'*umbo* des boucliers, était flanquée de deux grands carquois posés diagonalement en sens contraire, dont l'un renfermait des javelines et l'autre des flèches. Sur chaque face, un lion sculpté et doré, les pattes en arrêt, le mufle plissé par un effroyable rictus, semblait rugir et vouloir s'élancer sur les ennemis.

Les jeunes princes avaient pour coiffure une bandelette qui serrait leurs cheveux et où s'entortillait, en gonflant sa gorge, la vipère royale; pour vêtement une tunique ornée au col et aux manches de broderies éclatantes et cerclée à la taille d'un ceinturon de cuir fermé par une plaque de métal gravée d'hiéroglyphes; à ce ceinturon était passé un long poignard à lame d'airain triangulaire, dont la poignée cannelée transversalement se terminait en tête d'épervier.

Sur le char, à côté de chaque prince, se tenaient le cocher chargé de conduire le char pendant la bataille, et l'écuyer occupé à parer avec le bouclier les coups dirigés vers le combattant, pendant que lui-même décochait les flèches ou dardait les javelines puisées aux carquois latéraux.

A la suite des princes arrivaient les chars, cavalerie des Égyptiens, au nombre de vingt mille, chacun traîné par deux chevaux et monté par trois hommes. Ils s'avançaient par dix de front, les essieux se touchant presque et ne se heurtant jamais, tant l'habileté des cochers était grande.

Quelques chars moins pesants, destinés aux escarmouches et aux reconnaissances, marchaient en tête et ne portaient qu'un seul guerrier ayant, pour garder les mains libres pendant la bataille, les rênes de son attelage passées autour du corps; avec quelques pesées à droite, à gauche ou en arrière, il dirigeait et arrêtait ses chevaux; et c'était vraiment merveilleux de voir ces nobles bêtes, qui semblaient abandonnées à elles-mêmes, guidées par d'imperceptibles mouvements, conserver une imperturbable régularité d'allure.

Sur un de ces chars, l'élégant Ahmosis, le protégé de Nofré, dressait sa haute taille et promenait ses regards sur la foule, en cherchant à y découvrir Tahoser.

Le piétinement des chevaux, contenus à grand'peine, le tonnerre des roues garnies de bronze, le frisson métallique des armes, donnaient à ce défilé quelque chose d'imposant et de formidable, fait pour jeter la terreur dans les âmes les plus intrépides. Les casques, les plumes, les boucliers, les corselets papelonnés d'écailles vertes, rouges et jaunes, les arcs dorés, les glaives d'airain, reluisaient et flamboyaient terriblement au soleil ouvert dans le ciel, au-dessus de la chaîne libyque, comme un grand œil osirien, et l'on sentait que le choc d'une pareille armée devait balayer les nations comme l'ouragan chasse devant lui une paille légère.

Sous ces roues innombrables, la terre résonnait et tremblait sourdement, comme si une catastrophe de la nature l'eût agitée.

Aux chars succédèrent les bataillons d'infanterie, marchant en ordre, le bouclier au bras gauche, et, suivant leur arme, la lance, le harpé, l'arc, la fronde ou la hache à la main droite; les têtes de ces soldats étaient couvertes d'armets ornés de deux mèches de crin, leurs corps sanglés par une ceinture-cuirasse en peau de crocodile; leur air impassible, la régularité parfaite de leurs mouvements, leur teint de cuivre rouge foncé encore par une expédition récente aux régions brûlantes de l'Éthiopie supérieure, la poudre du désert tamisée sur leurs vêtements, inspiraient l'admiration pour leur discipline et leur courage. Avec de tels soldats, l'Égypte pouvait conquérir le monde. Ensuite venaient les troupes alliées, reconnaissables à la forme barbare de leurs casques, pareils à des mitres tronquées, ou surmontés de croissants embrochés dans une pointe. Leurs glaives aux larges tranchants, leurs haches tailladées, devaient faire d'inguérissables blessures.

Des esclaves portaient le butin annoncé par le héraut, sur leurs épaules ou sur des brancards, et des belluaires traînaient en laisse des panthères, des guépards s'écrasant contre terre comme pour se cacher, des autruches battant des ailes, des girafes dépassant la foule de toute la longueur de leur col, et jusqu'à des ours bruns pris, disait-on, dans les Montagnes de la Lune.

Depuis longtemps déjà le roi était rentré dans son palais, que le défilé continuait encore.

En passant devant le talus où se tenaient Tahoser et Nofré, le Pharaon, que sa litière posée sur les épaules des oëris mettait par-dessus la foule au niveau de la jeune fille, avait lentement fixé sur elle son regard noir ; il n'avait pas tourné la tête, pas un muscle de sa face n'avait bougé, et son masque était resté immobile comme le masque d'or d'une momie ; pourtant ses prunelles avaient glissé entre ses paupières peintes du côté de Tahoser, et une étincelle de désir avait animé leurs disques sombres ; effet aussi effrayant que si les yeux de granit d'un simulacre divin, s'illuminant tout à coup, exprimaient une idée humaine. Une de ses mains avait quitté le bras de son trône et s'était levée à demi; geste imperceptible pour tout le monde, mais que remarqua un des serviteurs marchant près du brancard, et dont les yeux se dirigèrent vers la fille de Pétamounoph.

Cependant la nuit était tombée subitement, car il n'y a pas de crépuscule en Égypte ; la nuit, ou plutôt un jour bleu succédant à un jour jaune. Sur l'azur d'une transparence infinie s'allumaient d'innombrables étoiles, dont les scintillations tremblaient confusément dans l'eau du Nil, agitée par les barques qui ramenaient à l'autre rive la population de Thèbes ; et les dernières cohortes de l'armée se déroulaient encore sur la plaine comme les anneaux d'un serpent gigantesque, lorsque la cange déposa Tahoser à la porte d'eau de son palais.

IV

Le Pharaon arriva devant son palais, situé à peu de distance du champ de manœuvre sur la rive gauche du Nil.

Dans la transparence bleuâtre de la nuit, l'immense édifice prenait des proportions encore plus colossales et découpait ses angles énormes sur le fond violet de la chaine libyque, avec une vigueur effrayante et sombre. L'idée d'une puissance absolue s'attachait à ces masses inébranlables, sur lesquelles l'éternité semblait devoir glisser comme une goutte d'eau sur un marbre.

Une grande cour entourée d'épaisses murailles ornées à leur sommet de profondes moulures précédait le palais; au fond de cette cour se dressaient deux hautes colonnes à chapiteaux de palmes marquant l'entrée d'une seconde enceinte. Derrière les colonnes s'élevait un pylône gigantesque composé de deux monstrueux massifs, enserrant une porte monumentale plutôt faite pour laisser passer des colosses de granit que des hommes de chair. Au delà de ces propylées, remplissant le fond d'une troisième cour, le palais proprement dit apparaissait avec sa majesté formidable; deux avant-corps pareils aux bastions d'une forteresse se projetaient carrément, offrant sur leurs faces des bas-reliefs méplats d'une dimension prodigieuse, qui représentaient sous la forme consacrée le Pharaon vainqueur flagellant ses ennemis et les foulant aux pieds; pages d'histoire démesurées, écrites au ciseau sur un colossal livre de granit, et que la postérité la plus reculée devait lire.

Ces pavillons dépassaient de beaucoup la hauteur du pylône, et leur corniche évasée et crénelée de merlons s'arrondissait orgueilleusement sur la crête des montagnes libyques, dernier plan du tableau. Reliant l'un à l'autre, la façade du palais occupait tout l'espace intermédiaire. Au-dessus de sa porte géante, flanquée de sphinx, flamboyaient trois étages de fenêtres carrées trahissant au dehors l'éclairage intérieur et découpant sur la paroi sombre une sorte de damier lumineux. Au premier étage saillaient des balcons soutenus par des statues de prisonniers accroupis sous la tablette.

Les officiers de la maison du roi, les eunuques,

les serviteurs, les esclaves, prévenus de l'approche de Sa Majesté par la fanfare des clairons et le roulement des tambours, s'étaient portés à sa rencontre et l'attendaient agenouillés ou prosternés sur le dallage des cours ; des captifs de la mauvaise race de Schéto portaient des urnes remplies de sel et d'huile d'olive, où trempait une mèche dont la flamme crépitait vive et claire, et se tenaient rangés en ligne de la porte du palais à l'entrée de la première enceinte, immobiles comme des lampadaires de bronze.

Bientôt la tête du cortége pénétra dans le palais, et, répercutés par les échos, les clairons et les tambours résonnèrent avec un fracas qui fit s'envoler les ibis endormis sur les entablements.

Les oëris s'arrêtèrent à la porte de la façade, entre les deux pavillons. Des esclaves apportèrent un escabeau à plusieurs marches et le placèrent à côté du brancard ; le Pharaon se leva avec une lenteur majestueuse, et se tint debout quelques secondes dans une immobilité parfaite. Ainsi monté sur ce socle d'épaules, il planait au-dessus des têtes et paraissait avoir douze coudées ; éclairé bizarrement, moitié par la lune qui se levait, moitié par la lueur des lampes, sous ce costume dont les dorures et les émaux scintillaient brusquement, il ressemblait à Osiris ou plutôt à Typhon; il descendit les marches d'un pas de statue, et pénétra enfin dans le palais.

Une première cour intérieure, encadrée d'un rang énorme de piliers bariolés d'hiéroglyphes et soutenant une frise terminée en volute, fut traversée lentement par le Pharaon, au milieu d'une foule d'esclaves et de servantes prosternés.

Une autre cour se présenta ensuite, entourée d'un promenoir couvert et de colonnes trapues portant pour chapiteau un dé de granit sur lequel pesait une massive architrave. Un caractère d'indestructibilité était écrit dans les lignes droites et les formes géométriques de cette architecture bâtie avec des quartiers de montagne : les piliers et les colonnes semblaient se piéter puissamment pour soutenir le poids des immenses pierres appuyées sur les cubes de leurs chapiteaux ; les murs se renverser en talus afin d'avoir plus d'assiette, et les assises se joindre de façon à ne former qu'un seul bloc : mais des décorations polychromes, des bas-reliefs en creux rehaussés de teintes plates d'un vif éclat, donnaient, dans le jour, de la légèreté et de la richesse à ces énormes masses, qui, la nuit, reprenaient toute leur carrure.

Sur la corniche de style égyptien, dont la ligne inflexible tranchait dans le ciel un vaste parallélogramme d'azur foncé, tremblotaient au souffle intermittent de la brise des lampes allumées de distance en distance ; le vivier, placé au milieu de la cour, mêlait en les reflétant leurs étincelles rouges aux étincelles bleues de la lune ; des rangées d'arbustes plantés autour du bassin dégageaient leurs parfums faibles et doux.

Au fond s'ouvrait la porte du gynécée et des appartements secrets, décorés avec une magnificence toute particulière.

Au-dessous du plafond régnait une frise d'uræus dressés sur la queue et gonflant la gorge. Sur l'entablement de la porte, dans la courbure de la corniche, le globe mystique déployait ses immenses ailes imbriquées ; des colonnes disposées en lignes symétriques supportaient d'épaisses membrures de granit formant des soffites, dont le fond bleu était constellé d'étoiles d'or. Sur les murailles, de grands tableaux découpés dans la paroi de granit et coloriés des teintes les plus brillantes représentaient les occupations familières du gynécée et les scènes de la vie intime. On y voyait Pharaon sur son trône et jouant gravement aux échecs avec une de ses femmes se tenant nue et debout devant lui, la tête ceinte d'un large bandeau d'où s'épanouissaient en gerbe des fleurs de lotus. Dans un autre tableau, le Pharaon, sans rien perdre de son impassibilité souveraine et sacerdotale, allongeait la main et touchait le menton d'une jeune fille, vêtue d'un collier et d'un bracelet, qui lui présentait un bouquet à respirer.

Ailleurs on l'apercevait incertain et souriant, comme s'il eût malicieusement suspendu son choix, au milieu des jeunes reines agaçant sa gravité par toutes sortes de coquetteries caressantes et gracieuses.

D'autres panneaux représentaient des musiciennes et des danseuses, des femmes au bain, inondées d'essence et massées par des esclaves, avec une élégance de poses, une suavité juvénile de formes et une pureté de trait qu'aucun art n'a dépassées.

Des dessins d'ornementation d'un goût riche et compliqué, d'une exécution parfaite, où se mariaient le vert, le rouge, le bleu, le jaune, le blanc, couvraient les espaces laissés vides. Dans des cartouches et des bandes allongées en stèles, se lisaient les titres du Pharaon et des inscriptions en son honneur.

Sur le fût des énormes colonnes tournaient des figures décoratives ou symboliques coiffées du pschent, armées du tau, qui se suivaient processionnellement, et dont l'œil, dessiné de face sur une tête de profil, semblait regarder curieusement dans la salle. Des lignes d'hiéroglyphes perpendiculaires séparaient les zones de personnages. Parmi les feuilles vertes découpées sur le tambour du chapiteau, des boutons et des calices de lotus se détachaient avec leurs couleurs naturelles et simulaient des corbeilles fleuries.

Entre chaque colonne, une selle élégante de bois de cèdre peint et doré soutenait sur sa plate-forme une coupe de bronze remplie d'huile parfumée, où les mèches de coton puisaient une clarté odorante.

Des groupes de vases allongés et reliés par des guirlandes alternaient avec les lampes et faisaient épanouir au pied des colonnes des gerbes aux barbes d'or, mêlées d'herbes des champs et de plantes balsamiques.

Au milieu de la salle, une table ronde en porphyre, dont le disque était supporté par une figure de captif, disparaissait sous un entassement d'urnes, de vases, de buires, de pots, d'où jaillissaient une forêt de fleurs artificielles gigantesques : car des fleurs vraies eussent semblé mesquines au centre de cette salle immense, et il fallait mettre la nature en proportion avec le travail grandiose de l'homme ; les plus vives couleurs, jaune d'or, azur, pourpre, diapraient des calices énormes.

Au fond s'élevait le trône ou fauteuil du Pharaon,

dont les pieds croisés bizarrement et retenus par des nervures enroulées contenaient, dans l'ouverture de leurs angles, quatre statuettes de prisonniers barbares asiatiques ou africains, reconnaissables à leurs physionomies et à leurs vêtements; ces malheureux, les coudes noués derrière le dos, à genoux dans une posture incommode, le corps tendu, portaient sur leur tête humiliée le coussin quadrillé d'or, de rouge et de noir, où s'asseyait leur vainqueur. Des mufles d'animaux chimériques, dont la gueule laissait échapper en guise de langue une longue houppe rouge, ornaient les traverses du siége.

De chaque côté du trône étaient rangés, pour les princes, des fauteuils moins riches, mais encore d'une élégance extrême et d'un caprice charmant : car les Égyptiens ne sont pas moins adroits à sculpter le bois de cèdre, de cyprès et de sycomore, à le dorer, à le colorier, à l'incruster d'émaux, qu'à tailler dans les carrières de Philoe ou de Syène de monstrueux blocs granitiques pour les palais des Pharaons et le sanctuaire des dieux.

Le roi traversa la salle d'un pas lent et majestueux, sans que ses paupières teintes eussent palpité une fois; rien n'indiquait qu'il entendît les cris d'amour qui l'accueillaient ou qu'il aperçût les êtres humains agenouillés ou prosternés, dont les plis de sa calasiris effleuraient le front en écumant autour de ses pieds; il s'assit les chevilles jointes et les mains posées sur les genoux, dans l'attitude solennelle des divinités.

Les jeunes princes, beaux comme des femmes, prirent place à la droite et à la gauche de leur père. Des serviteurs les dépouillèrent de leurs gorgerins d'émaux, de leurs ceinturons et de leurs glaives, versèrent sur leurs cheveux des flacons d'essences, leur frottèrent les bras d'huiles aromatiques, et leur présentèrent des guirlandes de fleurs, frais collier de parfums, luxe odorant, mieux accommodé aux fêtes que la lourde richesse de l'or, des pierres précieuses et des perles, et qui, du reste, s'y marie admirablement.

De belles esclaves nues, dont le corps svelte offrait le gracieux passage de l'enfance à l'adolescence, les hanches cerclées d'une mince ceinture qui ne voilait aucun de leurs charmes, une fleur de lotus dans les cheveux, une buire d'albâtre rubané à la main, s'empressaient timidement autour du Pharaon, et répandaient l'huile de palme sur ses épaules, ses bras et son torse polis comme le jaspe. D'autres servantes agitaient autour de sa tête de larges éventails de plumes d'autruche peintes, ajustés à des manches d'ivoire ou de bois de santal qui, échauffé par leurs petites mains, dégageait une odeur délicieuse; quelques-unes élevaient à la hauteur des narines du Pharaon des tiges de nymphæa au calice épanoui comme la coupe des amschirs. Tous ces soins étaient rendus avec une dévotion profonde et une sorte de terreur respectueuse, comme à une personne divine, immortelle, descendue par pitié des zones supérieures parmi le vil troupeau des hommes. Car le roi est le fils des dieux, le favori de Phré, le protégé d'Ammon-Ra.

Les femmes du gynécée s'étaient relevées de leurs prostrations et assises sur de beaux fauteuils sculptés, dorés et peints, aux coussins de cuir rouge gonflés avec de la barbe de chardon : rangées ainsi, elles formaient une ligne de têtes gracieuses et souriantes, que la peinture eût aimé à reproduire.

Les unes avaient pour vêtement des tuniques de gaze blanche à raies alternativement opaques et transparentes, dont les manches courtes mettaient à nu un bras mince et rond couvert de bracelets du poignet au coude; les autres, nues jusqu'à la ceinture, portaient une cotte lilas tendre, striée de bandes plus foncées, recouverte d'un filet de petits tubes en verre rose laissant voir entre leurs losanges le cartouche du Pharaon tracé sur l'étoffe; d'autres avaient la jupe rouge et le filet en perles noires; celles-ci, drapées d'un tissu aussi léger que l'air tramé, aussi translucide que du verre, en tournaient les plis autour d'elles, s'arrangeant de façon à faire sortir coquettement le contour de leur gorge pure ; celles-là s'emprisonnaient dans un fourreau papelonné d'écailles bleues, vertes et rouges, qui moulaient exactement leurs formes ; il y en avait aussi dont les épaules étaient couvertes d'une sorte de mante plissée, et qui serraient au-dessous du sein, par une ceinture à bouts flottants, leur longue robe garnie de franges.

Les coiffures n'étaient pas moins variées : tantôt les cheveux nattés s'effilaient en spirales; tantôt ils se divisaient en trois masses, dont l'une s'allongeait sur le dos et les deux autres tombaient de chaque côté des joues; de volumineuses perruques à petites boucles fortement crêpées, à innombrables cordelettes maintenues transversalement par des fils d'or, des rangs d'émaux ou de perles, s'ajustaient comme des casques à des têtes jeunes et charmantes, qui demandaient à l'art un secours inutile à leur beauté.

Toutes ces femmes tenaient à la main une fleur de lotus bleue, rose ou blanche, et respiraient amoureusement, avec des palpitations de narines, l'odeur pénétrante qui s'exhalait du large calice. Une tige de la même fleur, partant de leur nuque, se courbait gracieusement sur leur tête et allongeait son bouton entre leurs sourcils rehaussés d'antimoine.

Devant elles, des esclaves noires ou blanches, n'ayant d'autres vêtements que le cercle lombaire, leur tendaient des colliers fleuris tressés de crocus, dont la fleur, blanche en dehors, est jaune en dedans, de carthames couleur de pourpre, d'héliochryses couleur d'or, de trychos à baies rouges, de myosotis aux fleurs qu'on croirait faites avec l'émail bleu des statuettes d'Isis, de népenthès dont l'odeur enivrante fait tout oublier, jusqu'à la patrie lointaine.

A ces esclaves d'autres succédaient qui, sur la paume de leur main droite renversée, portaient des coupes d'argent ou de bronze pleines de vin, et de la gauche tenaient une serviette où les convives s'essuyaient les lèvres.

Ces vins étaient puisés dans des amphores d'argile, de verre ou de métal, que contenaient d'élégants paniers clissés, posant sur des bases à quatre pieds, faites d'un bois léger et souple, entrelaçant ses courbures d'une manière ingénieuse. Les paniers contenaient sept sortes de vins, de dattier, de palmier et de vigne, du vin blanc, du vin rouge, du vin vert, du vin nouveau, du vin de Phénicie et de Grèce, du vin blanc de Maréotique au bouquet de violette.

Le Pharaon prit aussi la coupe des mains de l'échanson debout près de son trône, et trempa ses lèvres royales au breuvage fortifiant.

Alors résonnèrent les harpes, les lyres, les doubles flûtes, les mandores, accompagnant un chant triomphal qu'accentuaient les choristes rangés en face du trône, un genou en terre et l'autre relevé, en frappant la mesure avec la paume de leurs mains.

Le repas commença. Les mets, apportés par des Éthiopiens des immenses cuisines du palais, où mille esclaves s'occupaient dans une atmosphère de flamme des préparations du festin, étaient placés sur des guéridons à quelque distance des convives; les plats de bronze, de bois odorant précieusement sculpté, de terre ou de porcelaine émaillée de couleurs vives, contenaient des quartiers de bœuf, des cuisses d'antilope, des oies troussées, des silures du Nil, des pâtes étirées en longs tuyaux et roulées, des gâteaux de sésame et de miel, des pastèques vertes à pulpe rose, des grenades pleines de rubis, des raisins couleur d'ambre ou d'améthyste. Des guirlandes de papyrus couronnaient ces plats de leur feuillage vert; les

6.

coupes étaient également cerclées de fleurs, et
au centre des tables, du milieu d'un amoncellement de pains à croûte blonde, estampés de
dessins et marqués d'hiéroglyphes, s'élançait
un long vase d'où retombait, élargie en ombelle,
une monstrueuse gerbe de persolutas, de myrtes,
de grenadiers, de convolvulus, de chrysan-
thèmes, d'héliotropes, de sériphium et de périplocas, mariant toutes les couleurs, confondant
tous les parfums. Sous les tables mêmes, autour
du socle, étaient rangés des pots de lotus. Des
fleurs, des fleurs, des fleurs, encore des fleurs,
partout des fleurs ! Il y en avait jusque sous les
siéges des convives; les femmes en portaient aux
bras, au col, sur la tête, en bracelets, en colliers,
en couronnes : les lampes brûlaient au milieu
d'énormes bouquets; les plats disparaissaient dans
les feuillages ; les vins petillaient, entourés de
violettes et de roses : c'était une gigantesque
débauche de fleurs, une colossale orgie aromale,
d'un caractère tout particulier, inconnu chez les
autres peuples.

A chaque instant, des esclaves apportaient des
jardins, qu'ils dépouillaient sans pouvoir les ap-
pauvrir, des brassées de clématites, de lauriers-
roses, de grenadiers, de xéranthèmes, de lotus,
pour renouveler les fleurs fanées déjà, tandis que

des serviteurs jetaient sur les charbons des amschirs, des grains de nard et de cinnamome.

Lorsque les plats et les boîtes sculptées en oiseaux, en poissons, en chimères, qui contenaient les sauces et les condiments, furent emportés ainsi que les spatules d'ivoire, de bronze ou de bois, les couteaux d'airain ou de silex, les convives se lavèrent les mains, et les coupes de vin ou de boisson fermentée continuèrent à circuler.

L'échanson puisait, avec un godet de métal armé d'un long manche, le vin sombre et le vin transparent dans deux grands vases d'or ornés de figures de chevaux et de béliers, que des trépieds maintenaient en équilibre devant le Pharaon.

Des musiciennes parurent, car le chœur des musiciens s'était retiré : une large tunique de gaze couvrait leurs corps sveltes et jeunes, sans plus les voiler que l'eau pure d'un bassin ne dérobe les formes de la baigneuse qui s'y plonge; une guirlande de papyrus nouait leur épaisse chevelure et se prolongeait jusqu'à terre en brindilles flottantes; une fleur de lotus s'épanouissait au sommet de leur tête; de grands anneaux d'or scintillaient à leurs oreilles; un gorgerin d'émaux et de perles cerclait leur col, et des bracelets se heurtaient en bruissant sur leurs poignets.

L'une jouait de la harpe, l'autre de la mandore,

la troisième de la double flûte, que manœuvraient ses bras bizarrement croisés, le droit sur la flûte gauche, le gauche sur la flûte droite ; la quatrième appliquait horizontalement contre sa poitrine une lyre à cinq cordes ; la cinquième frappait la peau d'onagre d'un tambour carré. Une petite fille de sept ou huit ans, nue, coiffée de fleurs, sanglée d'une ceinture, frappant ses mains l'une contre l'autre, battait la mesure.

Les danseuses firent leur entrée : elles étaient minces, élancées, souples comme des serpents ; leurs grands yeux brillaient entre les lignes noires de leurs paupières, leurs dents de nacre entre les lignes rouges de leurs lèvres ; de longues spirales de cheveux leur flagellaient les joues ; quelques-unes portaient une ample tunique rayée de blanc et de bleu, nageant autour d'elles comme un brouillard ; les autres n'avaient qu'une simple cotte plissée, commençant aux hanches et s'arrêtant aux genoux, qui permettait d'admirer leurs jambes élégantes et fines, leurs cuisses rondes, nerveuses et fortes.

Elles exécutèrent d'abord des poses d'une volupté lente, d'une grâce paresseuse ; puis, agitant des rameaux fleuris, choquant des cliquettes de bronze à tête d'Hâtor, heurtant des timbales de leur petit poing fermé, faisant ronfler sous leur pouce la peau tannée des tambourins, elles se livrèrent à des pas plus vifs, à des cambrures plus hardies; elles firent des pirouettes, des jetés-battus, et tourbillonnèrent avec un entrain toujours croissant. Mais le Pharaon, soucieux et rêveur, ne daigna leur donner aucun signe d'assentiment; ses yeux fixes ne les avaient même pas regardées.

Elles se retirèrent rougissantes et confuses, pressant de leurs mains leur poitrine haletante.

Des nains aux pieds tors, au corps gibbeux et difforme, dont les grimaces avaient le privilége de dérider la majesté granitique du Pharaon, n'eurent pas plus de succès : leurs contorsions n'arrachèrent pas un sourire à ses lèvres, dont les coins ne voulaient pas se relever.

Au son d'une musique bizarre composée de harpes triangulaires, de sistres, de cliquettes, de cymbales et de clairons, des bouffons égyptiens, coiffés de hautes mitres blanches de forme ridicule, s'avancèrent, deux doigts de la main fermés, les trois autres étendus, répétant leurs gestes grotesques avec une précision automatique et chantant des chansons extravagantes entremêlées de dissonances. Sa Majesté ne sourcilla pas.

Des femmes coiffées d'un petit casque d'où pendaient trois longs cordons terminés en houppe, les chevilles et les poignets cerclés de bandes de cuir noir, vêtues d'un étroit caleçon retenu par une bretelle unique passant sur l'épaule, exécutèrent des tours de force et de souplesse plus surprenants les uns que les autres, se cambrant, se renversant, ployant comme une branche de saule leurs corps disloqués, touchant le sol de leur nuque sans déplacer leurs talons, supportant, dans cette pose impossible, le poids de leurs compagnes. D'autres jonglèrent avec une boule, deux boules, trois boules, en avant, en arrière, les bras croisés, à cheval ou debout sur les reins d'une des femmes de la troupe; une même, la plus habile, se mit des œillères comme Tmei, déesse de la justice, pour se rendre aveugle, et reçut les globes dans ses mains sans en laisser tomber un seul. Ces merveilles laissèrent le Pharaon insensible. Il ne prit pas plus de goût aux prouesses de deux combattants qui, le bras gauche garni d'un ceste, s'escrimaient avec des bâtons. Des hommes lançant dans un bloc de bois des couteaux dont la pointe se fichait à la place désignée d'une façon miraculeusement précise ne l'amusèrent pas davantage. Il repoussa même l'échiquier que lui présentait en s'offrant pour adversaire la belle Twéa, qu'ordinairement il regardait d'un œil favorable; en vain Amensé,

Taïa, Hont-Reché, essayèrent quelques caresses timides; il se leva, et se retira dans ses appartements sans avoir prononcé un mot.

Immobile sur le seuil se tenait le serviteur qui avait, pendant le défilé triomphal, remarqué l'imperceptible geste de Sa Majesté.

Il dit : « O roi aimé des dieux! je me suis détaché du cortége, j'ai traversé le Nil sur une frêle barque de papyrus, et j'ai suivi la cange de la femme sur laquelle ton regard d'épervier a daigné s'abattre : c'est Tahoser, la fille du prêtre Pétamounoph! »

Le Pharaon sourit et dit : « Bien! je te donne un char et ses chevaux, un pectoral en grains de lapis-lazuli et de cornaline, avec un cercle d'or pesant autant que le poids de basalte vert. »

Cependant les femmes désolées arrachaient les fleurs de leur coiffure, déchiraient leurs robes de gaze, et sanglotaient étendues sur les dalles polies qui reflétaient comme des miroirs l'image de leurs beaux corps, en disant : « Il faut qu'une de ces maudites captives barbares ait pris le cœur de notre maître ! »

V

Sur la rive gauche du Nil s'étendait la villa de Poëri, le jeune homme qui avait tant troublé Tahoser, lorsque, en allant voir la rentrée triomphale du Pharaon, elle était passée dans son char, traîné par des bœufs, sous le balcon où s'appuyait indolemment le beau rêveur.

C'était une exploitation considérable, tenant de la ferme et de la maison de plaisance, et qui occupait, entre les bords du fleuve et les premières croupes de la chaîne libyque, une vaste étendue de terrain que recouvrait, à l'époque de l'inondation, l'eau rougeâtre chargée du limon fécondant, et dont, pendant le reste de l'année, des dérivations habilement pratiquées entretenaient la fraîcheur.

Une enceinte de murs en pierre calcaire tirée des montagnes voisines enfermait le jardin, les greniers, le cellier et la maison; ces murs, légèrement inclinés en talus, étaient surmontés d'un

acrotère à pointes de métal capable d'arrêter
quiconque eût essayé de les franchir. Trois portes,
dont les valves s'accrochaient à de massifs piliers
décorés chacun d'une gigantesque fleur de lotus
plantée au sommet de son chapiteau, coupaient
la muraille sur trois de ses pans ; à la place de la
quatrième porte s'élevait le pavillon, regardant le
jardin par une de ses façades, et la route par
l'autre.

Ce pavillon ne ressemblait en aucune manière
aux maisons de Thèbes : l'architecte qui l'avait
bâti n'avait pas cherché la forte assiette, les grandes lignes monumentales, les riches matériaux
des constructions urbaines, mais bien une élégance légère, une simplicité fraîche, une grâce
champêtre en harmonie avec la verdure et le repos de la campagne.

Les assises inférieures, que le Nil pouvait atteindre dans ses hautes crues, étaient en grès, et
le reste en bois de sycomore. De longues colonnes
évidées, d'une extrême sveltesse, pareilles aux
hampes qui portent des étendards devant les palais du roi, partaient du sol et filaient d'un seul
jet jusqu'à la corniche à palmettes, évasant sous
un petit cube leurs chapiteaux en calice de lotus.

L'étage unique élevé au-dessus du rez-de-chaussée n'atteignait pas les moulures bordant le toit

en terrasse, et laissait ainsi un étage vide entre son plafond et la couverture horizontale de la villa.

De courtes colonnettes à chapiteaux fleuris, séparées de quatre en quatre par les longues colonnes, formaient une galerie à claire-voie autour de cette espèce d'appartement aérien ouvert à toutes les brises.

Des fenêtres plus larges à la base qu'au sommet de leur ouverture, suivant le style égyptien, et se fermant avec de doubles vantaux, donnaient du jour au premier étage. Le rez-de-chaussée était éclairé par des fenêtres plus étroites et plus rapprochées.

Au-dessus de la porte, décorée de deux moulures d'une forte saillie, se voyait une croix plantée dans un cœur et encadrée par un parallélogramme tronqué à sa partie inférieure pour laisser passer ce signe de favorable augure dont le sens, comme chacun sait, est la « bonne maison. »

Toute cette construction était peinte de couleurs tendres et riantes; les lotus des chapiteaux s'échappaient alternativement bleus et roses de leurs capsules vertes; les palmettes des corniches colorées d'un vernis d'or s'inscrivaient sur un fond d'azur; les parois blanches des façades faisaient valoir les encadrements peints des fenêtres, et des filets de rouge et de vert-prasin dessinaient des panneaux ou simulaient des joints de pierre.

En dehors du mur d'enceinte, qu'affleurait le pavillon, se dressait une rangée d'arbres taillés en pointe et formant un rideau pour arrêter le vent poudreux du sud, toujours chargé des ardeurs du désert.

Devant le pavillon verdoyait une immense plantation de vignes; des colonnes de pierre aux chapiteaux de lotus, symétriquement distancées, dessinaient dans le vignoble des allées qui se coupaient à angle droit; les ceps jetaient de l'une à l'autre leurs guirlandes de pampres, et formaient une suite d'arceaux en feuillage sous lesquels on pouvait se promener la tête haute. La terre, ratissée avec soin et ramenée en monticule au pied de chaque plant, faisait ressortir par sa couleur brune le vert gai des feuilles, où jouaient des oiseaux et des rayons.

De chaque côté du pavillon, deux bassins oblongs laissaient flotter sur leurs miroirs transparents des fleurs et des oiseaux aquatiques. Aux angles de ces bassins, quatre grands palmiers déployaient comme une ombrelle, à l'extrémité de leur tronc sculpté en écailles, leur verte auréole de feuilles.

Des compartiments, régulièrement tracés par des sentiers étroits, divisaient le jardin autour du vignoble, marquant la place à chaque culture. Dans une sorte d'allée de ceinture qui permettait de faire le tour de l'enclos, les palmiers doums alternaient avec les sycomores ; des carrés étaient plantés de figuiers, de pêchers, d'amandiers, d'oliviers, de grenadiers et autres arbres à fruit ; des portions n'avaient reçu que des arbres d'agrément, tamarix, acacias, cassies, myrtes, mimosas, et quelques essences plus rares trouvées au delà des cataractes du Nil, sous le tropique du Cancer, dans les oasis du désert libyque et sur les bords du golfe Érythrée : car les Égyptiens sont très-adonnés à la culture des arbustes et des fleurs, et ils exigent les espèces nouvelles comme tribut des peuples conquis.

Des fleurs de toutes sortes, des variétés de pastèques, des lupins, des oignons, garnissaient les plates-bandes ; deux autres pièces d'eau d'une dimension plus grande, alimentées par un canal couvert venant du Nil, portaient chacune une petite barque pour faciliter au maître de la maison le plaisir de la pêche : car des poissons de formes diverses et de couleurs brillantes se jouaient dans leur eau limpide à travers les tiges et les larges feuilles des lotus. Des masses de végétation luxuriante entouraient ces pièces d'eau et se renversaient dans leur vert miroir.

Près de chaque bassin s'élevait un kiosque formé de colonnettes supportant un toit léger et entouré d'un balcon à claire-voie, où l'on pouvait jouir de la vue des eaux et respirer la fraîcheur du matin et du soir, à demi couché sur des siéges rustiques de bois et de jonc.

Ce jardin, éclairé par le soleil naissant, avait un aspect de gaieté, de repos et de bonheur. Le vert des arbres était si vivace, les nuances des fleurs si éclatantes, l'air et la lumière baignaient si joyeusement la vaste enceinte de souffles et de rayons; le contraste de cette riche verdure avec la blancheur décharnée et l'aridité crayeuse de la chaîne libyque, qu'on apercevait par-dessus les murs déchiquetant sa crête sur la teinte bleue du ciel, était tellement tranché, qu'on se sentait le désir de s'arrêter là et d'y planter sa tente. On eût dit un nid fait tout à souhait pour un bonheur rêvé.

Dans les allées marchaient des serviteurs portant sur leur épaule une barre de bois courbé, aux extrémités de laquelle pendaient à des cordes deux pots d'argile remplis aux réservoirs, dont ils versaient le contenu dans le petit bassin creusé au pied de chaque plante. D'autres, manœuvrant un vase suspendu à une perche jouant sur un poteau, alimentaient une rigole de bois distribuant l'eau aux terres les plus altérées du jardin. Des tondeurs taillaient les arbres et leur donnaient une forme ronde ou ellipsoïde ; à l'aide d'une houe faite de deux pièces de bois dur reliées par une corde formant crochet, des travailleurs penchés ameublissaient le sol pour quelques plantations.

C'était un spectacle charmant de voir ces hommes à la noire chevelure crépue, au torse couleur de brique, vêtus d'un simple caleçon blanc, aller et venir parmi les feuillages avec une activité sans désordre, en chantant une chanson rustique qui rhythmait leur pas. Les oiseaux perchés sur les arbres paraissaient les connaître, et s'envolaient à peine lorsqu'en passant ils frôlaient une branche.

La porte du pavillon s'ouvrit, et Poëri parut sur le seuil. Quoiqu'il fût vêtu à la mode égyptienne, ses traits ne se rapportaient pas cependant au type national, et il n'eût pas fallu l'observer longtemps pour voir qu'il n'appartenait point à la race autochthone de la vallée du Nil. Ce n'était pas assurément un *Rot-en-ne-rôme* ; son nez aquilin et mince, ses joues aplanies, ses lèvres sérieuses et d'un dessin serré, l'ovale parfait de sa figure, différaient essentiellement du nez africain, des pommettes saillantes, de la bouche épaisse, et du masque large que présentent habituellement les

Égyptiens. La coloration, non plus, n'était pas la même : la teinte de cuivre rouge était remplacée par une pâleur olivâtre, que nuançait imperceptiblement de rose un sang riche et pur; les yeux, au lieu de rouler entre leurs lignes d'antimoine une prunelle de jais, étaient d'un bleu sombre comme le ciel de la nuit; les cheveux, plus soyeux et plus doux, se crêpaient en ondulations moins rebelles; les épaules n'offraient pas cette ligne transversalement rigide que répètent, comme signe caractéristique de la race, les statues des temples et les fresques des tombeaux.

Toutes ces étrangetés composaient une beauté rare, à laquelle la fille de Pétamounoph n'avait pu rester insensible. Depuis le jour où, par hasard, Poëri lui était apparu, accoudé à la galerie du pavillon, sa place favorite, lorsque les travaux de la ferme ne l'occupaient plus, bien des fois elle était revenue, sous prétexte de promenade, et avait fait passer son char sous le balcon de la villa.

Mais, bien qu'elle eût revêtu ses plus fines tuniques, mis à son col ses plus précieux gorgerins, cerclé ses poignets de ses bracelets les plus précieusement ciselés, couronné sa tête des plus fraîches fleurs de lotus, allongé jusqu'aux tempes la ligne noire de ses yeux, avivé sa joue de fard, jamais Poëri n'avait semblé y faire attention.

Pourtant Tahoser était bien belle, et l'amour qu'ignorait ou dédaignait le mélancolique habitant de la villa, Pharaon l'eût acheté bien cher : pour la fille du prêtre, il eût donné Twéa, Taïa, Amensé, Hont-Réché, ses captives asiatiques, ses vases d'argent et d'or, ses hausse-cols de pierres coloriées, ses chars de guerre, son armée invincible, son sceptre, tout, jusqu'à son tombeau, auquel, depuis le commencement de son règne, travaillaient dans l'ombre des milliers d'ouvriers !

L'amour n'est pas le même sous les chaudes régions qu'embrase un vent de feu qu'aux rives hyperborées d'où le calme descend du ciel avec les frimas ; ce n'est pas du sang, mais de la flamme qui circule dans les veines : aussi Tahoser languissait-elle et défaillait-elle, quoiqu'elle respirât des parfums, s'entourât de fleurs et bût les breuvages qui font oublier. La musique l'ennuyait ou développait outre mesure sa sensibilité ; elle ne prenait plus aucun plaisir aux danses de ses compagnes ; la nuit, le sommeil fuyait ses paupières, et, haletante, étouffée, la poitrine gonflée de soupirs, elle quittait sa couche somptueuse, et s'étendait sur les larges dalles, appuyant sa gorge au dur granit comme pour en aspirer la fraîcheur.

La nuit qui suivit la rentrée triomphale du

Pharaon, Tahoser se sentit si malheureuse, si incapable de vivre, qu'elle ne voulut pas du moins mourir sans avoir tenté un suprême effort.

Elle s'enveloppa d'une draperie d'étoffe commune, ne garda qu'un bracelet de bois odorant, tourna une gaze rayée autour de sa tête, et, à la première lueur du jour, sans que Nofré, qui rêvait du bel Ahmosis, l'entendît, elle sortit de sa chambre, traversa le jardin, tira les verrous de la porte d'eau, s'avança vers le quai, éveilla un rameur qui dormait au fond de sa nacelle de papyrus, et se fit passer à l'autre rive du fleuve.

Chancelante et mettant sa petite main sur son cœur pour en comprimer les battements, elle s'avança vers le pavillon de Poëri.

Il faisait grand jour, et les portes s'ouvraient pour laisser passer les attelages de bœufs allant au travail et les troupeaux sortant pour la pâture.

Tahoser s'agenouilla sur le seuil, porta sa main au-dessus de sa tête avec un geste suppliant; elle était peut-être encore plus belle dans cette humble attitude, sous ce pauvre accoutrement. Sa poitrine palpitait, des larmes coulaient sur ses joues pâles.

Poëri l'aperçut et la prit pour ce qu'elle était en effet, pour une femme bien malheureuse.

« Entre, dit-il, entre sans crainte, la demeure est hospitalière. »

VI

Tahoser, encouragée par la phrase amicale de Poëri, quitta sa pose suppliante et se releva. Une vive couleur rose avait envahi ses joues tout à l'heure si pâles : la pudeur lui revenait avec l'espoir ; elle rougissait de l'action étrange où l'amour la poussait, et, sur ce seuil que ses rêves avaient franchi tant de fois, elle hésita : ses scrupules de vierge, étouffés par la passion, renaissaient en présence de la réalité.

Le jeune homme, croyant que la timidité, compagne du malheur, empêchait seule Tahoser de pénétrer dans la maison, lui dit d'une voix musicale et douce où perçait un accent étranger :

« Entre, jeune fille, et ne tremble pas ainsi : la demeure est assez vaste pour t'abriter. Si tu es lasse, repose-toi ; si tu as soif, mes serviteurs t'apporteront de l'eau pure rafraichie dans des vases d'argile poreuse; si tu as faim, ils mettront devant toi du pain de froment, des dattes et des figues sèches. »

La fille de Pétamounoph, encouragée par ces paroles hospitalières, entra dans la maison, qui justifiait l'hiéroglyphe de bienvenue inscrit sur sa porte.

Poëri l'emmena dans la chambre du rez-de-chaussée, dont les murailles étaient peintes d'une couche de blanc sur laquelle des baguettes vertes terminées par des fleurs de lotus dessinaient des compartiments agréables à l'œil. Une fine natte de joncs tressés, où se mélangeaient diverses couleurs formant des symétries, couvrait le plancher; à chaque angle de la pièce, de grosses bottes de fleurs débordaient de longs vases tenus en équilibre par des socles, et répandaient leurs parfums dans l'ombre fraîche de la chambre. Dans le fond, un canapé bas, dont le bois était orné de feuillages et d'animaux chimériques, étalait les tentations de son large coussin à la fatigue ou à la nonchalance. Deux siéges foncés de roseaux du Nil, et dont le dossier se renversait, arc-bouté par des supports, un escabeau de bois creusé en conque, appuyé sur trois pieds, une table oblongue à trois pieds également, bordée d'un cadre d'incrustations, historiée au centre d'uræus, de guirlandes et de symboles d'agriculture, et sur laquelle était posé un vase de lotus roses et bleus, complétaient cet ameublement d'une simplicité et d'une grâce champêtres.

Poëri s'assit sur le canapé. Tahoser, repliant une jambe sous la cuisse et relevant un genou, s'accroupit devant le jeune homme, qui fixait sur elle un œil plein d'interrogations bienveillantes.

Elle était ravissante ainsi : le voile de gaze dont elle s'enveloppait, retombant en arrière, découvrait les masses opulentes de sa chevelure nouée d'une étroite bandelette blanche, et permettait de voir en plein sa physionomie douce, charmante et triste. Sa tunique sans manches montrait jusqu'à l'épaule ses bras élégants et leur laissait toute liberté de gesticulation.

« Je me nomme Poëri, dit le jeune homme, et je suis intendant des biens de la couronne, ayant droit de porter dans ma coiffure de cérémonie les cornes de bélier dorées.

— Je me nomme Hora, répondit Tahoser, qui d'avance avait arrangé sa petite fable ; mes parents sont morts, et leurs biens vendus par les créanciers n'ont laissé que juste de quoi subvenir à leurs funérailles. Je suis donc restée seule et sans ressource ; mais, puisque tu veux bien m'accueillir, je saurai reconnaître ton hospitalité : j'ai été instruite aux ouvrages des femmes, quoique ma condition ne m'obligeât pas à les exercer. Je sais tourner le fuseau, tisser la toile en y mêlant des fils de diverses couleurs, imiter les fleurs et tracer des ornements avec l'aiguille sur les étoffes ; je pourrai même, lorsque tu seras las de tes travaux et que la chaleur du jour t'accablera, te réjouir avec le chant, la harpe ou la mandore.

— Hora, sois la bienvenue chez Poëri, dit le jeune homme. Tu trouveras ici, sans briser tes forces, car tu sembles délicate, une occupation convenable pour une jeune fille qui connut des temps plus prospères. Il y a parmi mes servantes des filles très-douces et très-sages qui te seront d'agréables compagnes, et qui te montreront comment la vie est réglée dans cette habitation champêtre. En attendant, les jours succéderont aux jours, et il en viendra peut-être de meilleurs pour toi. Sinon, tu pourras doucement vieillir chez moi, dans l'abondance et la paix : l'hôte que les dieux envoient est sacré. »

Ces paroles prononcées, Poëri se leva comme pour se soustraire aux remercîments de la fausse Hora, qui s'était prosternée à ses pieds et les baisait comme font les malheureux à qui l'on vient d'accorder quelque grâce ; mais l'amoureuse avait remplacé la suppliante, et ses fraîches lèvres roses se détachaient avec peine de ces beaux pieds purs et blancs comme les pieds de jaspe des divinités.

Avant de sortir pour aller surveiller les travaux du domaine, Poëri se retourna sur le seuil de l'appartement et dit à Hora :

« Reste ici jusqu'à ce que je t'aie désigné une chambre. Je vais t'envoyer de la nourriture par un de mes serviteurs. »

Et il s'éloigna d'un pas tranquille, balançant à son poignet le fouet du commandement. Les travailleurs le saluaient en mettant une main sur leur tête et l'autre près de terre; mais à la cordialité de leur salut on voyait que c'était un bon maître. Quelquefois il s'arrêtait, donnant un ordre ou un conseil, car il était très-savant aux choses de l'agriculture et du jardinage; puis il reprenait sa marche, jetant les yeux à droite, à gauche, inspectant soigneusement tout. Tahoser, qui l'avait humblement accompagné jusqu'à la porte et s'était pelotonnée sur le seuil, le coude au genou, le menton dans la paume de la main, le suivit du regard jusqu'à ce qu'il se perdît sous les arceaux de feuillage. Depuis longtemps déjà il avait disparu par la porte des champs, qu'elle le regardait encore.

Un serviteur, d'après l'ordre donné en passant par Poëri, apporta sur un plateau une cuisse d'oie, des oignons cuits sous la cendre, un pain de froment et des figues, ainsi qu'un vase d'eau bouché par des feuilles de myrte.

« Voici ce que le maître t'envoie; mange, jeune fille, et reprends des forces. »

Tahoser n'avait pas grand'faim; mais il était dans son rôle de montrer de l'appétit : les malheureux doivent se jeter sur les mets que la pitié leur présente. Elle mangea donc et but un long trait d'eau fraîche.

Le serviteur s'étant éloigné, elle reprit sa pose contemplative. Mille pensées contraires roulaient dans sa jeune tête : tantôt, avec sa pudeur de vierge, elle se repentait de sa démarche; tantôt, avec sa passion d'amoureuse, elle s'applaudissait de son audace. Puis elle se disait : « Me voilà, il est vrai, sous le toit de Poëri, je le verrai librement, tous les jours; je m'enivrerai silencieusement de sa beauté, qui est d'un dieu plus que d'un homme; j'entendrai sa voix charmante, pareille à une musique de l'âme; mais lui, qui n'a jamais fait attention à moi lorsque je passais sous son pavillon, couverte de mes habits aux couleurs brillantes, parée de mes plus fins joyaux, parfumée d'essences et de fleurs, montée sur mon char peint et doré que surmonte une ombrelle, entourée comme une reine d'un cortége de serviteurs, remarquera-t-il davantage la pauvre jeune fille suppliante accueillie par pitié et couverte d'étoffes communes?

« Ce que mon luxe n'a pu faire, ma misère le fera-t-elle? Peut-être, après tout, suis-je laide, et Nofré est-elle une flatteuse lorsqu'elle prétend que, de la source inconnue du Nil jusqu'à l'endroit où il se jette dans la mer, il n'y a pas de plus belle fille que sa maîtresse... Non, je suis belle : les yeux ardents des hommes me l'ont dit mille fois, et surtout les airs dépités et les petites moues dédaigneuses des femmes qui passaient près de moi. Poëri, qui m'a inspiré une si folle passion, m'aimera-t-il jamais? Il eût reçu tout aussi bien une vieille femme au front coupé de rides, à la poitrine décharnée, empaquetée de hideux haillons et les pieds gris de poussière. Tout autre que lui aurait reconnu à l'instant, sous le déguisement d'Hora, Tahoser, la fille du grand prêtre Pétamounoph; mais il n'a jamais abaissé son regard sur moi, pas plus que la statue d'un dieu de basalte sur les dévots qui lui offrent des quartiers d'antilope et des bouquets de lotus. »

Ces réflexions abattaient le courage de Tahoser; puis elle reprenait confiance et se disait que sa beauté, sa jeunesse, son amour, finiraient bien par attendrir ce cœur insensible : elle serait si douce, si attentive, si dévouée, elle mettrait tant d'art et de coquetterie à sa pauvre toilette, que certainement Poëri n'y résisterait pas. Alors elle se promettait de lui découvrir que l'humble servante était une fille de haut rang, possédant des esclaves, des terres et des palais, et elle s'arrangeait en rêve, après la félicité obscure, une vie de bonheur splendide et rayonnant.

« D'abord soyons belle, » dit-elle en se levant et en se dirigeant vers une des pièces d'eau.

Arrivée là, elle s'agenouilla sur la margelle de pierre, lava son visage, son col et ses épaules; l'eau agitée, dans son miroir brisé en mille morceaux, lui montrait son image confuse et tremblante, qui lui souriait comme à travers une gaze verte, et les petits poissons, voyant son ombre et croyant qu'on allait leur jeter quelques miettes, s'approchaient du bord en troupes.

Elle cueillit deux ou trois fleurs de lotus qui s'épanouissaient à la surface du bassin, en tortilla la tige autour de la bandelette de ses cheveux, et se composa une coiffure que tout l'art de Nofré n'eût pas égalée en vidant les coffres à bijoux.

Quand elle eut fini et qu'elle se releva fraîche et radieuse, un ibis familier, qui l'avait gravement regardée faire, se haussa sur ses longues pattes, tendit son long col, et battit deux ou trois fois des ailes, comme pour l'applaudir.

Sa toilette achevée, Tahoser revint prendre sa place sur la porte du pavillon en attendant Poëri. Le ciel était d'un bleu profond; la lumière frissonnait en ondes visibles dans l'air transparent; des aromes enivrants se dégageaient des fleurs et des plantes; les oiseaux sautillaient à travers les rameaux, picorant quelques baies; les papillons se poursuivaient et dansaient sur leurs ailes. A ce riant spectacle se mêlait celui de l'activité humaine, qui l'égayait encore en lui prêtant une âme. Les jardiniers allaient et venaient; des serviteurs rentraient, chargés de bottes d'herbes et de paquets de légumes; d'autres, debout au pied des figuiers, recevaient dans des corbeilles les fruits que leur jetaient les singes dressés à la cueillette et juchés sur les hautes branches.

Tahoser contemplait avec ravissement cette fraîche nature, dont la paix gagnait son âme, et elle se dit : « Oh! qu'il serait doux d'être aimée ici, dans la lumière, les parfums et les fleurs! »

Poëri reparut : il avait terminé son inspection, et il se retira dans sa chambre pour laisser passer les heures brûlantes du jour. Tahoser le suivit timidement, se tint près de la porte, prête à sortir au moindre geste; mais Poëri lui fit signe de rester.

Elle s'avança de quelques pas et s'agenouilla sur la natte.

« Tu m'as dit, Hora, que tu savais jouer de la mandore ; prends cet instrument accroché au mur ; fais résonner les cordes et chante-moi quelque ancien air bien doux, bien tendre et bien lent. Le sommeil est plein de beaux rêves, qui vient bercé par la musique. »

La fille du prêtre décrocha la mandore, s'approcha du lit de repos sur lequel Poëri s'était étendu, appuyant la tête au chevet de bois creusé en demi-lune, allongea son bras jusqu'au bout du manche de l'instrument, dont elle pressait la caisse sur son cœur ému, laissa errer sa main le long des cordes, et en tira quelques accords. Puis elle chanta d'une voix juste, quoique un peu tremblante, un vieil air égyptien, vague soupir des aïeux transmis de génération en génération, où revenait toujours une même phrase d'une monotonie pénétrante et douce.

« En effet, dit Poëri en tournant ses prunelles d'un bleu sombre vers la jeune fille, tu ne m'avais pas trompé. Tu connais les rhythmes comme une musicienne de profession, et tu pourrais exercer ton art dans le palais des rois. Mais tu donnes à ton chant une expression nouvelle. Cet air que tu récites, on dirait que tu l'inventes, et tu lui prêtes un charme magique. Ta physionomie n'est plus ce qu'elle était ce matin ; une autre femme semble apparaître à travers toi comme une lumière derrière un voile. Qui es-tu?

— Je suis Hora, répondit Tahoser ; ne t'ai-je pas déjà raconté mon histoire? Seulement j'ai essuyé de mon visage la poussière de la route, rajusté les plis de ma robe fripée, et mis un brin de fleur dans mes cheveux. Si je suis pauvre, ce n'est pas une raison pour être laide, et les dieux parfois refusent la beauté aux riches. Mais te plaît-il que je continue?

— Oui ; répète cet air qui me fascine, m'engourdit et m'ôte la mémoire comme ferait une coupe de népenthès ; répète-le, jusqu'à ce que le sommeil descende avec l'oubli sur mes paupières. »

Les yeux de Poëri, fixés d'abord sur Tahoser, se fermèrent bientôt à demi, puis tout à fait. La jeune fille continuait à faire bourdonner les cordes de la mandore, et répétait d'une voix de plus en plus basse le refrain de sa chanson. Poëri dormait ; elle s'arrêta, et se mit à l'éventer avec un éventail de feuilles de palmier jeté sur la table.

Poëri était beau, et le sommeil donnait à ses traits purs une ineffable expression de langueur et de tendresse ; ses longs cils abaissés sur ses joues semblaient lui voiler quelque vision céleste, et ses belles lèvres rouges à demi ouvertes frémissaient, comme si elles eussent adressé de muettes paroles à un être invisible.

Après une longue contemplation, enhardie par le silence et la solitude, Tahoser, éperdue, se pencha sur le front du dormeur, retenant son souffle, pressant son cœur de sa main, et y posa un baiser peureux, furtif, ailé; puis elle se releva toute honteuse et toute rougissante.

Le dormeur avait senti vaguement, à travers son rêve, les lèvres de Tahoser; il poussa un soupir et dit en hébreu : « O Ra'hel, bien-aimée Ra'hel ! »

Heureusement, ces mots d'une langue inconnue ne présentaient aucun sens à la fille de Pétamounoph; et elle reprit l'éventail de feuilles de palmier, espérant et craignant que Poëri se réveillât.

VII

Lorsque le jour parut, Nofré, qui couchait sur un petit lit aux pieds de sa maîtresse, fut surprise de ne pas entendre Tahoser l'appeler comme d'habitude en frappant ses mains l'une contre l'autre. Elle se souleva sur son coude et vit que le lit était vide. Cependant les premiers rayons du soleil, atteignant la frise du portique, commençaient seulement à jeter sur le mur l'ombre des chapiteaux et le haut du fût des colonnes. Tahoser ordinairement n'était pas si matinale, et elle ne quittait guère sa couche sans l'aide de ses femmes; jamais non plus elle ne sortait qu'après avoir fait réparer dans sa coiffure le désordre de la nuit et verser sur son beau corps des affusions d'eau parfumée qu'elle recevait à genoux, les bras repliés devant sa poitrine.

Nofré, inquiète, jeta sur elle une chemise transparente, plaça ses pieds dans des sandales en fibres de palmier, et se mit à la recherche de sa maîtresse.

Elle la chercha d'abord sous les portiques des deux cours, pensant que, ne pouvant dormir, Tahoser était peut-être allée respirer la fraîcheur de l'aube le long de ces promenoirs intérieurs.

Tahoser n'y était pas.

« Visitons le jardin, se dit Nofré ; elle aura peut-être eu la fantaisie de voir briller la rosée nocturne sur les feuilles des plantes et d'assister une fois au réveil des fleurs. »

Le jardin, battu en tout sens, ne contenait que la solitude. Allées, tonnelles, berceaux, bosquets, Nofré interrogea tout sans succès. Elle entra dans le kiosque situé au bout de la treille ; point de Tahoser. Elle courut à la pièce d'eau où sa maîtresse pouvait avoir eu le caprice de se baigner, comme elle le faisait quelquefois avec ses compagnes, sur l'escalier de granit descendant du bord du bassin jusqu'à un fond de sable tamisé. Les larges feuilles de nymphæas flottaient à la surface et ne paraissaient pas avoir été dérangées ; les canards plongeant leurs cols d'azur dans l'eau tranquille y faisaient seuls des rides, et ils saluèrent Nofré de leurs cris joyeux. La fidèle suivante commençait à s'alarmer sérieusement ; elle donna l'éveil à toute la maison ; les esclaves et les servantes sortirent de leurs cellules, et, mis au fait par Nofré de l'étrange disparition de Tahoser, se livrèrent aux perquisitions les plus minutieuses; ils montèrent sur les terrasses, fouillèrent chaque chambre, chaque réduit, tous les endroits où elle pouvait être, et ensuite tous ceux où elle ne pouvait pas être. Nofré, dans son trouble, alla jusqu'à ouvrir les coffres à serrer les robes, les écrins qui renfermaient les bijoux, comme si ces boîtes eussent pu contenir sa maîtresse.

Tahoser n'était décidément pas dans la maison.

Un vieux serviteur d'une prudence consommée eut l'idée d'inspecter le sable des allées et d'y chercher les empreintes de sa jeune maîtresse; les lourds verrous de la porte de ville étaient à leur place et faisaient repousser la supposition que Tahoser fût sortie de ce côté. Il est vrai que Nofré avait parcouru étourdiment tous les sentiers, y marquant la trace de ses sandales; mais, en se penchant vers le sol, le vieux Souhem ne tarda pas à reconnaître, parmi les pas de Nofré, une légère dépression qui dessinait une semelle étroite, mignonne, appartenant à un pied beaucoup plus petit que le pied de la suivante. Il suivit cette trace, qui le mena, en passant sous la tonnelle, du pylône de la cour à la porte d'eau. Les verrous, comme il en fit la remarque à Nofré, avaient été tirés, et les battants ne joignaient que par leur poids; donc la fille de Pétamounoph s'était envolée par là.

Plus loin la trace se perdait. Le quai de briques n'avait gardé aucune empreinte. Le batelier qui avait passé Tahoser n'était pas revenu à sa station. Les autres dormaient, et, interrogés, répondirent qu'ils n'avaient rien vu. Un seul dit qu'une femme, pauvrement vêtue et semblant appartenir à la dernière classe du peuple, s'était rendue de grand matin de l'autre côté du fleuve, au quartier des Memnonia, sans doute pour accomplir quelque rite funèbre.

Ce signalement, qui ne se rapportait en aucune façon à l'élégante Tahoser, dérouta complétement les idées de Nofré et de Souhem.

Ils rentrèrent dans la maison, tristes et désappointés. Les serviteurs et les servantes s'assirent à terre dans des attitudes de désolation, laissant pendre une de leurs mains la paume tournée vers le ciel et mettant l'autre sur leur tête, et tous s'écrièrent comme un chœur plaintif : « Malheur! malheur! malheur! la maîtresse est partie! »

— Par Oms, chien des enfers! je la retrouverai, dit le vieux Souhem, dussé-je pénétrer vivant jusqu'au fin fond de la région occidentale vers laquelle voyagent les morts. C'était une bonne maitresse; elle nous donnait la nourriture en abondance, n'exigeait pas de nous des travaux excessifs, et ne nous faisait battre qu'avec justice et modération. Son pied n'était pas lourd à nos nuques inclinées, et chez elle l'esclave pouvait se croire libre.

« Malheur! malheur! malheur! répétèrent hommes et femmes en se jetant de la poussière sur la tête.

— Hélas! chère maîtresse, qui sait où tu es maintenant? dit la fidèle suivante, laissant couler ses larmes. Peut-être un magicien t'a fait sortir de ton palais par quelque conjuration irrésistible, pour accomplir sur toi un odieux maléfice; il lacérera ton beau corps, en retirera le cœur par une incision, comme un paraschite, jettera tes restes à la voracité des crocodiles, et ton âme mutilée ne retrouvera au jour de la réunion que des lambeaux informes. Tu n'iras pas rejoindre au fond des syringes, dont le colchyte garde le plan, la momie peinte et dorée de ton père, le grand prêtre Pétamounoph, dans la chambre funèbre creusée pour toi!

— Calme-toi, Nofré, dit le vieux Souhem, ne nous désespérons pas trop d'avance; il se peut que Tahoser rentre bientôt. Elle a cédé sans doute à quelque fantaisie qui nous est inconnue, et tout à l'heure nous allons la voir reparaître gaie et souriante, tenant des fleurs d'eau dans ses mains. »

Passant le coin de sa robe sur ses paupières, la suivante fit un signe d'adhésion.

Souhem s'accroupit, ployant ses genoux comme ces images de cynocéphales taillées vaguement dans un bloc carré de basalte, et, serrant ses tempes entre ses paumes sèches, parut réfléchir profondément.

Sa figure, d'un brun rougeâtre, ses orbites enfoncées, ses mâchoires proéminentes, ses joues plissées de grandes rides, ses cheveux roides encadrant son masque comme des poils, complétaient sa ressemblance avec les dieux à tête simiesque ; ce n'était pas un dieu, certes, mais il avait bien l'air d'un singe.

Le résultat de sa méditation, anxieusement attendue par Nofré, fut celui-ci :

« La fille de Pétamounoph est amoureuse.

— Qui te l'a dit ? s'écria Nofré, qui croyait lire seule dans le cœur de sa maîtresse.

— Personne, mais Tahoser est très-belle ; elle a vu déjà seize fois la crue et la retraite du Nil. Seize est le nombre emblématique de la volupté, et depuis quelque temps elle appelait à des heures étranges ses joueuses de harpe, de mandore et de flûte, comme quelqu'un qui veut calmer le trouble de son cœur par de la musique.

— Tu parles très-bien, et la sagesse habite ta vieille tête chauve ; mais comment as-tu appris à connaître les femmes, toi qui ne fais que piocher la terre du jardin et porter des vases d'eau sur ton épaule ? »

L'esclave élargit ses lèvres dans un sourire silencieux et montra deux rangées de longues dents blanches capables de broyer des noyaux de dattes ; cette grimace voulait dire : « Je n'ai pas toujours été vieux et captif. »

Illuminée par la suggestion de Souhem, Nofré pensa tout de suite au bel Ahmosis, l'oëris de Pharaon, qui passait si souvent au bas de la terrasse et qui avait si bonne grâce sur son char de guerre au défilé triomphal ; comme elle l'aimait elle-même, sans bien s'en rendre compte, elle prêtait ses sentiments à sa maîtresse. Elle revêtit une robe moins légère et se rendit à la demeure de l'officier : c'était là, imaginait-elle, que devait immanquablement se trouver Tahoser.

Le jeune oëris était assis au fond de sa chambre sur un siége bas. Aux murs se groupaient en trophée différentes armes : la tunique de cuir écaillée de plaquettes de bronze où se lisait gravé le cartouche du Pharaon, le poignard d'airain à manche de jade évidé pour laisser passer les doigts, la hache de bataille à tranchant de silex, le harpé à lame courbe, le casque à double plume d'autruche, l'arc triangulaire et les flèches empennées de rouge ; sur des socles étaient posés les gorgerins d'honneur, et quelques coffres ouverts montraient le butin pris à l'ennemi.

Quand il vit Nofré, qu'il connaissait bien et qui se tenait debout sur le seuil, Ahmosis éprouva un vif mouvement de plaisir ; ses joues brunes se colorèrent, ses muscles tressaillirent, son cœur palpita. Il crut que Nofré lui apportait quelque message de la part de Tahoser, bien que la fille du prêtre n'eût jamais répondu à ses œillades. Mais l'homme à qui les dieux ont fait le don de la beauté s'imagine aisément que toutes les femmes se prennent d'amour pour lui.

Il se leva et fit quelques pas vers Nofré, dont le regard inquiet scrutait les recoins de la chambre pour s'assurer de la présence ou de l'absence de Tahoser.

« Qui t'amène ici, Nofré ? dit Ahmosis, voyant que la jeune suivante, préoccupée de sa recherche, ne rompait pas le silence. Ta maîtresse va bien, je l'espère, car il me semble l'avoir vue hier à l'entrée du Pharaon.

— Si ma maîtresse va bien, tu dois le savoir

mieux que tout autre, répondit Nofré : car elle s'est enfuie de la maison sans confier ses projets à personne, et l'asile qu'elle s'est choisi, j'aurais juré par Hâtor que tu le connaissais.

— Elle a disparu ! que me dis-tu là ? fit Ahmosis avec une surprise qui certes n'était pas jouée.

— Je croyais qu'elle t'aimait, dit Nofré, et quelquefois les jeunes filles les plus retenues font des coups de tête. Elle n'est donc pas ici ?

— Le dieu Phré, qui voit tout, sait où elle est ; mais aucun de ses rayons terminés par des mains ne l'a atteinte chez moi. Regarde plutôt et visite les chambres.

— Je te crois, Ahmosis, et je me retire : car, si Tahoser était venue, tu ne le cacherais pas à la fidèle Nofré, qui n'eût pas mieux demandé que de servir vos amours. Tu es beau, elle est libre, riche et vierge. Les dieux eussent vu cette union avec plaisir. »

Nofré revint à la maison plus inquiète et plus bouleversée que jamais ; elle craignait qu'on ne soupçonnât les serviteurs d'avoir tué Tahoser pour s'emparer de ses richesses, et qu'on ne voulût leur faire avouer sous le bâton ce qu'ils ne savaient pas.

Pharaon, de son côté, pensait aussi à Tahoser. Après avoir fait les libations et les offrandes exigées par le rituel, il s'était assis dans la cour intérieure du gynécée, et rêvait, sans prendre garde aux ébats de ses femmes, qui, nues et couronnées de fleurs, se jouaient dans la transparence de la piscine, se jetant de l'eau et poussant des éclats de rire grêles et sonores pour attirer l'attention du maître, qui n'avait pas décidé, contre son habitude, quelle serait la reine en faveur cette semaine-là.

C'était un tableau charmant que ces belles femmes dont les corps sveltes luisaient sous l'eau comme des statues de jaspe submergées, dans ce cadre d'arbustes et de fleurs, au milieu de cette cour entourée de colonnes peintes de couleurs éclatantes, à la pure lumière d'un ciel d'azur, que traversait de temps à autre un ibis le bec au vent et les pattes tendues en arrière.

Amensé et Twéa, lasses de nager, étaient sorties de l'eau, et, agenouillées au bord du bassin, étalaient au soleil pour la sécher leur épaisse chevelure noire, dont les mèches d'ébène faisaient paraître leur peau plus blanche encore; les dernières perles du bain roulaient sur leurs épaules lustrées et sur leurs bras polis comme le jade; des servantes les frottaient d'essences et d'huiles aromatiques, tandis qu'une jeune Éthiopienne leur offrait à respirer le calice d'une large fleur.

On eût dit que l'ouvrier qui avait sculpté les bas-reliefs décoratifs des salles du gynécée avait pris ces groupes pleins de grâce pour modèles ; mais Pharaon n'eût pas regardé d'un œil plus froid le dessin incisé dans la pierre.

Juché sur le dossier du fauteuil, le singe privé croquait des dattes et faisait claquer ses dents ; contre les jambes du maître le chat favori se frottait en arrondissant le dos ; le nain difforme tirait la queue du singe et les moustaches du chat, dont l'un glapissait et l'autre jurait, ce qui ordinairement déridait Sa Majesté ; mais Sa Majesté n'était pas ce jour-là en train de rire. Elle écarta le chat, fit descendre le singe du fauteuil, donna un coup de poing sur la tête du nain, et se dirigea vers les appartements de granit.

Chacune de ces chambres était formée de blocs d'une grandeur prodigieuse, et fermée par des portes de pierre qu'aucune puissance humaine n'eût pu forcer, à moins de savoir le secret qui les faisait s'ouvrir.

Dans ces chambres étaient enfermés les richesses du Pharaon et le butin enlevé aux nations conquises. Il y avait là des lingots de métaux précieux, des couronnes d'or et d'argent, des gorgerins et des bracelets d'émaux cloisonnés, des boucles d'oreilles reluisant comme le disque de

Moui; des colliers à rangs septuples de cornaline, de lapis-lazuli, de jaspe sanguin, de perles, d'agates, de sardoines, d'onyx ; des cercles finement travaillés pour les jambes, des ceintures à plaques d'or gravées d'hiéroglyphes, des bagues à chaton de scarabée ; des files de poissons, de crocodiles et de cœurs en estampage d'or, des serpents d'émail se repliant plusieurs fois sur eux-mêmes ; des vases de bronze, des buires d'albâtre rubané, de verre bleu où se tordaient des spirales blanches ; des coffrets de terre émaillée, des boîtes en bois de santal affectant des formes bizarres et chimériques, des monceaux d'aromates de tous les pays, des blocs d'ébène ; des étoffes précieuses si fines, que la pièce eût passé par un anneau ; des plumes d'autruche noires et blanches, ou coloriées de diverses teintes ; des défenses d'éléphant d'une monstrueuse grosseur, des coupes en or, en argent, en verre doré, des statuettes excellentes, tant pour la matière que pour le travail.

Dans chaque chambre, le Pharaon fit prendre la charge d'un brancard porté par deux esclaves robustes de Kousch et de Schéto, et, frappant des mains, il appela Timopht, le serviteur qui avait suivi Tahoser, et lui dit :

« Fais porter cela à Tahoser, fille de Pétamounoph, de la part de Pharaon. »

Timopht se mit en tête du cortége, qui traversa le Nil sur une cange royale, et bientôt les esclaves arrivèrent avec leur charge à la maison de Tahoser.

« Pour Tahoser, de la part de Pharaon, » dit Timopht en heurtant la porte.

A la vue de ces trésors, Nofré manqua de s'évanouir, moitié peur, moitié éblouissement : elle craignait que le roi ne la fît mourir lorsqu'il apprendrait que la fille du prêtre n'était plus là.

« Tahoser s'en est allée, répondit-elle en tremblant à Timopht, et, je le jure par les quatre oies sacrées, Amset, Sis, Soumauts et Kebhsniv, qui volent aux quatre points du vent, j'ignore où elle est.

— Pharaon, préféré de Phré, favori d'Ammon-Ra, a envoyé ces présents, je ne puis les remporter ; garde-les jusqu'à ce qu'elle se retrouve. Tu m'en réponds sur ta tête ; fais-les serrer dans des chambres et garder par des serviteurs fidèles, » répondit l'envoyé du roi.

Quand Timopht revint au palais, et que, prosterné, les coudes serrés aux flancs, le front dans la poussière, il dit que Tahoser était disparue, le roi entra en une grande fureur, et il frappa si violemment de son sceptre contre le pavé, que la dalle se fendit.

VIII

Tahoser, il faut le dire, ne pensait guère à Nofré, sa suivante favorite, ni à l'inquiétude que devait causer son absence. Cette chère maîtresse avait tout à fait oublié sa belle maison de Thèbes, ses serviteurs et ses parures, chose bien difficile et bien incroyable pour une femme.

La fille de Pétamounoph ne se doutait aucunement de l'amour du Pharaon ; elle n'avait pas remarqué l'œillade chargée de volupté tombée sur elle du haut de cette majesté que rien sur terre ne pouvait émouvoir : l'eût-elle vue, elle eût déposé ce désir royal en offrande, avec toutes les fleurs de son âme, aux pieds de Poëri.

Tout en repoussant de l'orteil son fuseau pour le faire remonter le long du fil, car on lui avait donné cette tâche, elle suivait du coin de l'œil tous les mouvements du jeune Hébreu et l'enveloppait de son regard comme d'une caresse ; elle jouissait silencieusement du bonheur de rester près de lui, dans le pavillon dont il lui avait permis l'accès.

Si Poëri avait tourné la tête vers elle, il eût été frappé sans doute de la lumière humide de ses yeux, des rougeurs subites qui passaient sur ses belles joues comme des nuages roses, du battement profond de son cœur, qu'on devinait au tremblement de son sein. Mais, assis à la table, il se penchait sur une feuille de papyrus où, puisant de l'encre dans une tablette d'albâtre creusée, il inscrivait des comptes en chiffres démotiques à l'aide d'un roseau.

Poëri comprenait-il l'amour si visible de Tahoser pour lui? ou bien, pour quelque raison cachée, faisait-il semblant de ne pas s'en apercevoir? Ses manières envers elle étaient douces, bienveillantes, mais réservées, comme s'il eût voulu prévenir ou refouler quelque aveu importun auquel il lui eût été pénible de répondre. Pourtant la fausse Hora était bien belle, ses charmes, trahis par la pauvreté de sa toilette, n'en avaient que plus de puissance; et, comme on voit aux heures les plus chaudes du jour une vapeur lumineuse frissonner sur la terre luisante, une atmosphère d'amour frissonnait autour d'elle. Sur ses lèvres entr'ouvertes, sa passion palpitait comme un oiseau qui veut prendre son vol ; et bas, bien bas, quand elle était sûre de ne pas être entendue, elle répétait comme une monotone cantilène : « Poëri, je t'aime. »

On était au temps de la moisson, et Poëri sortit pour inspecter les travailleurs. Tahoser, qui ne pouvait pas plus s'en détacher que l'ombre ne peut se détacher du corps, le suivit timidement, craignant qu'il ne lui enjoignît de rester à la maison ; mais le jeune homme lui dit d'une voix où ne perçait nul accent de colère :

« Le chagrin se soulage à la vue des paisibles travaux de l'agriculture, et, si quelque douloureux souvenir de la prospérité évanouie oppresse ton âme, il se dissipera au spectacle de cette activité joyeuse. Ces choses doivent être nouvelles pour toi : car ta peau, que n'a jamais baisée le soleil, tes pieds délicats, tes mains fines, l'élégance avec laquelle tu drapes le morceau d'étoffe grossière qui te sert de vêtement, me montrent, à n'en pouvoir douter, que tu as toujours habité les villes, au sein des recherches et du luxe. Viens donc et sieds-toi, tout en tournant ton fuseau, à l'ombre de cet arbre où les moissonneurs ont suspendu, pour la rafraîchir, l'outre qui contient leur boisson. »

Tahoser obéit et se plaça sous l'arbre, les

8.

bras croisés sur les genoux, et les genoux au menton.

De la muraille du jardin, la plaine s'étendait jusqu'aux premiers escarpements de la chaîne libyque, comme une mer jaune, où le moindre souffle d'air creusait des vagues d'or. La lumière était si intense, que le ton d'or du blé blanchissait par places et prenait des teintes d'argent. Dans l'opulent limon du Nil, les épis avaient poussé vigoureux, drus et hauts comme des javelines, et jamais plus riche moisson ne s'était déployée au soleil, flambante et crépitante de chaleur; il y avait de quoi remplir jusqu'au faîte la ligne de greniers voûtés qui s'arrondissaient près des celliers.

Les travailleurs étaient depuis longtemps déjà à l'ouvrage, et l'on voyait de loin émerger des vagues du blé leur tête crépue ou rase, coiffée d'un morceau d'étoffe blanche, et leur torse nu, couleur de brique cuite. Ils se penchaient et se relevaient avec un mouvement régulier, sciant le blé de leurs faucilles au-dessous de l'épi, avec autant de régularité que s'ils eussent suivi une ligne tirée au cordeau.

Derrière eux, marchaient dans les sillons des glaneurs, avec des couffes de sparterie où ils serraient les épis moissonnés, et qu'ils portaient sur leur épaule ou suspendus à une barre transversale, aidés par un compagnon, à des meules placées de distance en distance.

Quelquefois les moissonneurs essoufflés s'arrêtaient, reprenaient haleine, et, rejetant leur faucille sous leur bras droit, buvaient un coup d'eau ; puis ils se remettaient en hâte à l'ouvrage, craignant le bâton du contre-maitre ; les épis récoltés s'étalaient sur l'aire par couches égalisées à la fourche, et légèrement relevées au bord par les nouveaux paniers qu'on y versait.

Alors Poëri fit signe au bouvier de faire avancer ses bêtes. C'étaient de superbes animaux, aux longues cornes évasées comme la coiffure d'Isis, au garrot élevé, au fanon puissant, aux jambes sèches et nerveuses. La marque du domaine, empreinte au fer chaud, estampillait leurs hanches. Ils marchaient gravement, assujettis sous un joug horizontal reliant leurs quatre têtes.

On les poussa sur l'aire ; activés par le fouet à double mèche, ils se mirent à piétiner circulairement, faisant jaillir sous leurs sabots fourchus le grain de l'épi : le soleil brillait sur leur poil luisant et la poussière qu'ils soulevaient leur montait aux naseaux ; aussi, au bout d'une vingtaine de tours, s'appuyaient-ils les uns contre les autres, et, malgré les lanières sifflantes qui voltigeaient sur leurs flancs, ralentissaient-ils sensiblement le pas. Pour les encourager, le conducteur, qui les suivait en tenant par la queue la bête sous la main, entonna, sur un rhythme joyeux et vif, la vieille chanson des bœufs : « Tournez pour vous-mêmes ; ô bœufs! tournez pour vous-mêmes ; des mesures pour vous, des mesures pour vos maîtres ! »

Et l'attelage ranimé se portait en avant et disparaissait dans un nuage de poussière blonde où scintillaient des étincelles d'or.

La besogne des bœufs terminée, vinrent des serviteurs qui, armés d'écopes de bois, élevaient le blé en l'air et le laissaient retomber pour le séparer des pailles, des barbes et des cosses.

Le blé ainsi vanné était mis dans des sacs dont un grammate prenait note, et porté aux greniers où conduisaient des échelles.

Tahoser, à l'ombre de son arbre, prenait plaisir à ce spectacle plein d'animation et de grandeur, et souvent sa main distraite oubliait de tordre le fil. La journée s'avançait, et déjà le soleil, levé derrière Thèbes, avait franchi le Nil et se dirigeait vers la chaîne libyque, derrière laquelle son disque se couche chaque soir. C'était l'heure où les animaux reviennent des champs et rentrent à l'étable. Elle assista, près de Poëri, à ce grand défilé pastoral.

On vit d'abord s'avancer un immense troupeau de bœufs, les uns blancs, les autres roux ; ceux-ci noirs et mouchetés de points clairs, ceux-là pies, quelques-uns rayés de zébrures sombres ; il y en avait de tout pelage et de toute nuance ; ils passaient levant leurs mufles lustrés, d'où pendaient des filaments de bave, ouvrant leurs grands yeux doux. Les plus impatients, sentant l'étable, se dressaient quelques instants à demi et apparaissaient au-dessus de la foule cornue, avec laquelle, en retombant, ils se confondaient bientôt ; les moins adroits, devancés par leurs compagnons, poussaient de longs meuglements plaintifs, comme pour protester.

Près des bœufs marchaient les gardiens avec leur fouet et leur corde roulée.

Arrivés devant Poëri, ils s'agenouillaient, et, les coudes aux flancs, touchaient la terre du front, en signe de respect.

Des grammates inscrivaient le nombre des têtes de bétail sur des tablettes.

Aux bœufs succédèrent des ânes trottinant et ruant sous le bâton d'âniers à tête rase et vêtus d'une simple ceinture de toile, dont le bout retombait entre leurs cuisses ; ils défilaient, secouant leurs longues oreilles, martelant la terre de leurs petits sabots durs.

Les âniers firent la même génuflexion que les bouviers, et les grammates marquèrent aussi le chiffre exact de leurs bêtes.

Ce fut ensuite le tour des chèvres : elles arrivaient précédées de leurs boucs et faisant trembler de plaisir leur voix cassée et grêle ; les chevriers avaient grand'peine à contenir leur pétulance et à ramener au gros de l'armée les maraudeuses qui s'écartaient. Elles furent comptées comme les bœufs et les ânes, et, avec le même cérémonial, les bergers se prosternèrent aux pieds de Poëri.

Le cortége était fermé par des oies, qui, fatiguées de la route, se dandinaient sur leurs larges pattes, battaient bruyamment des ailes, allongeaient leur col et poussaient des piaillements rauques ; leur nombre fut inscrit, et les tablettes remises à l'inspecteur du domaine.

Longtemps après que bœufs, ânes, chèvres, oies, étaient rentrés, une colonne de poussière, que le vent ne pouvait parvenir à balayer, s'élevait lentement dans le ciel.

« Eh bien, Hora, dit Poëri à Tahoser, la vue de ces moissonneurs et de ces troupeaux t'a-t-elle amusée ? Ce sont les plaisirs des champs ; nous n'avons pas ici, comme à Thèbes, des joueurs de harpe et des danseuses. Mais l'agriculture est sainte ; elle est la mère nourrice de l'homme, et celui qui sème un grain de blé fait une action agréable aux dieux. Maintenant, va prendre ton repas avec tes compagnes ; moi je rentre au pavillon, et je vais calculer combien de boisseaux de froment ont rendus les épis. »

Tahoser mit une main par terre et l'autre sur sa tête en signe d'acquiescement respectueux, et se retira.

Dans la salle du repas riaient et babillaient plusieurs jeunes servantes, mangeant des oignons crus, des gâteaux de dourah et des dattes; un petit vase de terre plein d'huile où trempait une mèche les éclairait : car la nuit était venue, et répandait une lueur jaune sur leurs joues brunes et leurs torses fauves que ne voilait aucun vêtement. Les unes étaient assises sur de simples sièges de bois; les autres adossées au mur, un genou replié.

« Où le maître peut-il aller ainsi chaque soir? dit une petite fille à l'air malicieux, en épluchant une grenade avec de jolis mouvements de singe.

— Le maître va où il veut, répondit une grande esclave qui mâchait des pétales de fleur ; ne faut-il pas qu'il te rende des comptes? Ce n'est pas toi, en tout cas, qui le retiendras ici.

— Aussi bien moi qu'une autre, » répondit l'enfant piquée.

La grande fille haussa les épaules.

« Hora elle-même, qui est plus blanche et plus belle que nous toutes, n'y parviendrait pas. Quoiqu'il porte un nom égyptien et soit au service du Pharaon, il appartient à cette race barbare d'Israël; et, s'il sort la nuit, c'est sans doute pour assister aux sacrifices d'enfants que célèbrent les Hébreux dans les endroits déserts où la chouette piaule, où l'hyène glapit, où la vipère siffle. »

Tahoser quitta doucement la chambre sans rien dire, et se tapit dans le jardin derrière une touffe de mimosa; et, au bout de deux heures d'attente, elle vit Poëri sortir dans la campagne.

Légère et silencieuse comme une ombre, elle se mit à le suivre.

IX

Poëri, dont la main était armée d'un fort bâton de palmier, se dirigea vers le fleuve en suivant une étroite chaussée élevée à travers un champ de papyrus submergés qui, feuillés à leur base, dressaient de chaque côté leurs hampes rectilignes hautes de six ou huit coudées et terminées par un flocon de fibres, comme les lances d'une armée rangée en bataille.

Retenant son souffle, posant à peine la pointe du pied sur le sol, Tahoser s'engagea après lui dans le petit chemin. Il n'y avait pas de lune cette nuit-là, et l'épaisseur des papyrus eût d'ailleurs suffi pour cacher la jeune fille, qui se tenait un peu en arrière.

Il fallut après franchir un espace découvert. La fausse Hora laissa prendre de l'avance à Poëri, courba sa taille, se fit petite et rampa contre le sol.

Un bois de mimosas se présenta ensuite, et, dissimulée par les touffes d'arbres, Tahoser put s'avancer sans prendre autant de précautions. Elle était si près de Poëri, qu'elle craignait de perdre dans l'obscurité, que souvent les branches qu'il déplaçait lui fouettaient la figure ; mais elle n'y faisait pas attention : un sentiment d'ardente jalousie la poussait à la recherche du mystère qu'elle n'interprétait pas comme les servantes de la maison. Elle n'avait pas cru un instant que le jeune Hébreu sortît ainsi chaque soir pour accomplir quelque rite infâme et barbare ; elle pensait qu'une femme devait être le motif de ces excursions nocturnes, et elle voulait connaître sa rivale. La bienveillance froide de Poëri lui montrait qu'il avait le cœur occupé : autrement serait-il resté insensible à des charmes célèbres dans Thèbes et dans toute l'Égypte ? eût-il feint de ne pas comprendre un amour qui eût fait l'orgueil des oëris, des grands prêtres, des basilico-grammates, et même des princes de la race royale ?

Arrivé à la berge du fleuve, Poëri descendit quelques marches taillées dans l'escarpement de la rive, et se courba comme s'il défaisait un lien.

Tahoser, couchée à plat ventre sur le sommet du talus, que dépassait seulement le haut de sa tête, vit, à son grand désespoir, que le promeneur mystérieux détachait une mince barque de papyrus étroite et longue comme un poisson, et qu'il se préparait à traverser le fleuve.

Il sauta, en effet, dans la barque, repoussa le bord du pied, et prit le large en manœuvrant la rame unique placée à l'arrière de la frêle embarcation.

La pauvre fille se tordait les mains de douleur; elle allait perdre la piste du secret qu'il lui importait tant de savoir. Que faire ? Retourner sur ses pas, le cœur en proie au soupçon et à l'incertitude, le pire des maux ? Elle rassembla son courage, et sa résolution fut bientôt prise. Chercher une autre barque, il n'y fallait pas penser. Elle se laissa couler le long du talus, enleva sa robe en un tour de main et la roula sur sa tête; puis elle se glissa courageusement dans le fleuve, en ayant soin de ne pas faire rejaillir d'écume. Souple comme une couleuvre d'eau, elle allongea ses beaux bras sur le flot sombre, où tremblait élargi le reflet des étoiles, et se mit à suivre de loin la barque. Elle nageait admirablement : car, chaque jour, elle s'exerçait avec ses femmes dans la vaste piscine de son palais, et nulle n'était plus habile à couper l'onde que Tahoser.

Le courant, endormi en cet endroit, ne lui opposait pas beaucoup de résistance; mais, au milieu du fleuve, pour ne pas être emportée à la dérive, il lui fallut donner de vigoureux coups de pied à l'eau bouillonnante et multiplier ses brassées. Sa respiration devenait courte, haletante, et elle la retenait de peur que le jeune Hébreu ne l'entendît. Quelquefois une vague plus haute lavait d'écume ses lèvres entr'ouvertes, trempait ses cheveux et même atteignait sa robe pliée en paquet; heureusement pour elle, car ses forces commençaient à l'abandonner, elle se retrouva bientôt dans des eaux plus calmes. Un faisceau de joncs qui descendait le fleuve et la frôla en passant lui causa une vive terreur. Cette masse, d'un vert sombre, prenait, à travers l'obscurité, l'apparence d'un dos de crocodile ; Tahoser avait cru sentir la peau rugueuse du monstre, mais elle se remit de sa frayeur et se dit en continuant à nager : « Qu'importe que les crocodiles me mangent, si Poëri ne m'aime pas? »

Le danger était réel, surtout la nuit ; pendant le jour, le mouvement perpétuel des barques, le travail des quais, le tumulte de la ville, éloignent les crocodiles, qui vont, sur des rives moins fréquentées par l'homme, se vautrer dans la vase et se réjouir au soleil ; mais l'ombre leur rend toute leur audace.

Tahoser n'y avait pas pensé. La passion ne calcule pas. L'idée de ce péril lui fût-elle venue, elle l'aurait bravé, elle si timide pourtant, et qu'effrayait un papillon obstiné qui voltigeait autour d'elle, la prenant pour une fleur.

Tout à coup la barque s'arrêta, quoique la rive fût encore à quelque distance. Poëri, suspendant son travail de pagaie, parut promener ses regards autour de lui avec inquiétude. Il avait aperçu la tache blanchâtre produite sur l'eau par la robe roulée de Tahoser.

Se croyant découverte, l'intrépide nageuse plongea bravement, résolue à ne remonter à la surface, dût-elle étouffer, que lorsque les soupçons de Poëri seraient dissipés.

« J'aurais cru que quelqu'un me suivait à la nage, se dit Poëri en se remettant à ramer. Mais qui se risquerait dans le Nil à cette heure? J'étais fou. J'ai pris pour une tête humaine coiffée d'un linge une touffe de lotus blancs, peut-être même un simple flocon d'écume, car je ne vois plus rien. »

Lorsque Tahoser, dont les veines sifflaient dans les tempes, et qui commençait à voir passer des lueurs rouges dans l'eau sombre du fleuve, revint en toute hâte dilater ses poumons par une longue gorgée d'air, la barque de papyrus avait repris son allure confiante, et Poëri manœuvrait l'aviron avec le flegme imperturbable des personnages allégoriques qui conduisent la bari de Maüt sur les bas-reliefs et les peintures des temples.

La rive n'était plus qu'à quelques brassées ; l'ombre prodigieuse des pylônes et des murs énormes du palais du Nord, qui ébauchait ses entassements opaques, surmontés par les pyramidions de six obélisques, à travers le bleu violâtre de la nuit, s'étalait immense et formidable sur le fleuve, et protégeait Tahoser, qui pouvait nager sans crainte d'être aperçue.

Poëri aborda un peu au-dessous du palais en descendant le Nil, et il attacha sa barque à un pieu, de façon à la retrouver pour le retour; puis il prit son bâton de palmier et monta la rampe du quai d'un pas alerte.

La pauvre Tahoser, presque à bout de forces, suspendit ses mains crispées à la première marche de l'escalier, et sortit avec peine du fleuve ses membres ruisselants, que le contact de l'air alourdit en leur faisant sentir subitement la fatigue; mais le plus difficile de sa tâche était accompli.

Elle gravit les marches, une main sur son cœur, qui battait violemment, l'autre sur sa tête pour maintenir sa robe roulée et trempée. Après avoir vu la direction que prenait Poëri, elle s'assit au haut de la rampe, déplia sa tunique et la revêtit.

Le contact de l'étoffe mouillée lui causa un léger frisson. La nuit pourtant était douce, et la brise du sud soufflait tiède ; mais la courbature l'enfiévrait, et ses petites dents se heurtèrent ; elle fit un appel à son énergie, et, rasant les murailles en talus des gigantesques édifices, elle parvint à ne pas perdre de vue le jeune Hébreu, qui tourna l'angle de l'immense enceinte de briques du palais, et s'enfonça à travers les rues de Thèbes.

Au bout d'un quart d'heure de marche, les palais, les temples, les riches maisons, disparurent pour faire place à des habitations plus humbles ; au granit, au calcaire, au grès, succédaient les briques crues, le limon pétri avec de la paille. Les formes architecturales s'effaçaient ; des cahutes s'arrondissaient comme des ampoules ou des verrues sur des terrains déserts, à travers de vagues cultures, empruntant à la nuit des configurations monstrueuses ; des pièces de bois, des briques moulées, rangées en tas, encombraient le chemin. Du silence se dégageaient des bruits étranges, inquiétants : une chouette coupait l'air de son aile muette ; des chiens maigres, levant leur long museau pointu, suivaient d'un aboiement plaintif le vol inégal d'une chauve-souris ; des scarabées et des reptiles peureux se sauvaient en faisant bruire l'herbe sèche.

« Est-ce que Harphré aurait dit vrai? pensait Tahoser, impressionnée par l'aspect sinistre du lieu; Poëri viendrait-il là sacrifier un enfant à ces dieux barbares, qui aiment le sang et la souffrance? Jamais endroit ne fut plus propice à des rites cruels. »

Cependant, profitant des angles d'ombre, des bouts de murs, des touffes de végétation, des inégalités de terrain, elle se maintenait toujours à une distance égale de Poëri.

« Quand je devrais assister, témoin invisible, à quelque scène effroyable comme un cauchemar, entendre les cris de la victime, voir le sacrificateur, les mains rouges de sang, retirer du petit corps le cœur fumant, j'irai jusqu'au bout, » se dit Tahoser en regardant le jeune Hébreu pénétrer dans une hutte de terre dont les crevasses laissaient filtrer quelques rayons de lumière jaune.

Quand Poëri fut entré, la fille de Pétamounoph s'approcha, sans qu'un caillou eût crié sous son pas de fantôme, sans qu'un chien eût signalé sa présence en donnant de la voix; elle fit le tour de la cahute, comprimant son cœur, retenant son haleine, et découvrit, en la voyant luire sur le fond sombre de la muraille d'argile, une fente assez large pour laisser pénétrer le regard à l'intérieur.

Une petite lampe éclairait la chambre, moins

pauvre qu'on n'eût pu le penser d'après l'apparence du taudis ; les parois lissées avaient un poli de stuc. Sur des socles de bois peints de couleurs variées étaient posés des vases d'or et d'argent ; des bijoux scintillaient dans des coffres entr'ouverts. Des plats de métal brillant rayonnaient sur le mur, et un bouquet de fleurs rares s'épanouissait dans un pot de terre émaillée au milieu d'une petite table.

Mais ce n'étaient pas ces détails d'ameublement qui intéressaient Tahoser, quoique le contraste de ce luxe caché avec la misère extérieure de l'habitation lui eût d'abord causé quelque surprise. Son attention était invinciblement attirée par un autre objet.

Sur une estrade tapissée de nattes se tenait une femme de race inconnue et merveilleusement belle. Elle était blanche plus qu'aucune des filles d'Égypte, blanche comme le lait, comme le lis, blanche comme les brebis qui montent du lavoir ; ses sourcils s'étendaient comme des arcs d'ébène, et leurs pointes se rencontraient à la racine d'un nez mince, aquilin, aux narines colorées de tons roses comme le dedans des coquillages. Ses yeux ressemblaient à des yeux de tourterelle, vifs et langoureux à la fois ; ses lèvres étaient deux bandelettes de pourpre, et en se dénouant montraient des éclairs de perles; ses cheveux se suspendaient, de chaque côté de ses joues de grenade, en touffes noires et lustrées comme deux grappes de raisin mûr; des pendeloques frissonnaient à ses oreilles, et des colliers d'or à plaquettes incrustées d'argent scintillaient autour de son col rond et poli comme une colonne d'albâtre.

Son vêtement était singulier : il consistait en une large tunique brodée de zébrures et de dessins symétriques de diverses couleurs, descendant des épaules jusqu'à mi-jambe et laissant les bras libres et nus.

Le jeune Hébreu s'assit près d'elle, sur la natte, et lui tint des discours dont Tahoser ne pouvait comprendre la lettre, mais dont elle devinait trop bien le sens pour son malheur : car Poëri et Ra'hel s'exprimaient dans la langue de la patrie, si douce à l'exilé et au captif.

L'espérance est dure à mourir au cœur amoureux.

« Peut-être est-ce sa sœur, se dit Tahoser, et vient-il la voir secrètement, ne voulant pas qu'on sache qu'il appartient à cette race réduite en servitude. »

Puis elle appliquait son visage à la crevasse, écoutant avec une douloureuse intensité d'attention ces mots harmonieux et cadencés dont chaque syllabe contenait un secret qu'elle eût donné sa vie pour savoir, et qui bruissaient vagues, fugitifs, dénués de signification à ses oreilles, comme le vent dans les feuilles et l'eau contre la rive.

« Elle est bien belle... pour une sœur... » murmurait-elle, en dévorant d'un œil jaloux cette figure étrange et charmante, au teint pâle, aux lèvres rouges, que rehaussaient des parures de formes exotiques, et dont la beauté avait quelque chose de mystérieusement fatal.

« O Ra'hel! ma bien-aimée Ra'hel, » disait souvent Poëri.

Tahoser se souvint de lui avoir entendu murmurer ce mot pendant qu'elle éventait et berçait son sommeil.

« Il y pensait même en rêve : Ra'hel, c'est son nom sans doute. » Et la pauvre enfant sentit à la poitrine une souffrance aiguë, comme si tous les uræus des entablements, toutes les vipères royales des couronnes pharaoniques, lui eussent planté leurs crochets venimeux au cœur.

Ra'hel inclina sa tête sur l'épaule de Poëri, comme une fleur trop chargée de parfums et d'amour; les lèvres du jeune homme effleuraient les cheveux de la belle Juive, qui se renversait lentement, offrant son front moite et ses yeux demi-fermés à cette caresse suppliante et timide; leurs mains qui se cherchaient s'étaient unies et se pressaient nerveusement.

« Oh! que ne l'ai-je surpris à quelque cérémonie impie et monstrueuse, égorgeant de ses mains une victime humaine, buvant le sang dans une coupe de terre noire, s'en frottant la face! il me semble que cela m'eût fait moins souffrir que l'aspect de cette belle femme qu'il embrasse si timidement, » balbutia Tahoser d'une voix faible, en s'affaissant sur la terre dans l'ombre de la cahute.

Deux fois elle essaya de se relever, mais elle retomba à genoux; un nuage couvrit ses yeux; ses membres fléchirent; elle roula évanouie.

Cependant Poëri sortait de la cabane et donnait à Ra'hel un dernier baiser.

X

Pharaon, inquiet et furieux de la disparition de Tahoser, avait cédé à ce besoin de changer de place qui agite les cœurs tourmentés d'une passion inassouvie. Au grand chagrin d'Amensé, de Hont-Reché et de Twéa, ses favorites, qui s'étaient efforcées de le retenir au pavillon d'été par toutes les ressources de la coquetterie féminine, il habitait le palais du Nord, sur l'autre rive du Nil. Sa préoccupation farouche s'irritait de la présence et du babil de ses femmes. Tout ce qui n'était pas Tahoser lui déplaisait; il trouvait laides maintenant ces beautés qui lui paraissaient si charmantes naguère; leurs corps jeunes, sveltes, gracieux, aux poses pleines de volupté; leurs longs yeux avivés d'antimoine où brillait le désir; leurs bouches pourprées aux dents blanches et au sourire languissant : tout en elles, jusqu'aux parfums suaves qui émanaient de leur peau fraiche comme d'un bouquet de fleurs ou d'une boîte d'aromates, lui était devenu odieux, intolérable ; il semblait leur en vouloir de les avoir aimées, et ne plus comprendre comment il s'était épris de charmes si vulgaires. Lorsque Twéa lui posait sur la poitrine les doigts effilés et roses de sa petite main tremblante d'émotion, comme pour faire renaître le souvenir d'une familiarité ancienne, que Hont-Reché poussait devant lui l'échiquier supporté par deux lions adossés, afin d'engager une partie, ou qu'Amensé lui présentait une fleur de lotus avec une grâce respectueuse et suppliante, il se retenait à peine de les frapper de son sceptre, et ses yeux d'épervier lançaient de tels éclairs de dédain, que les pauvres femmes qui s'étaient risquées à ces hardiesses se retiraient interdites, les paupières moites de larmes, et s'appuyaient silencieusement à la muraille peinte, tâchant de se confondre par leur immobilité avec les figures des fresques.

Pour éviter ces scènes de pleurs et de violence, il s'était retiré au palais de Thèbes, seul, taciturne et farouche ; et là, au lieu de rester assis sur son trône, dans l'attitude solennelle des dieux et des rois qui, pouvant tout, ne remuent pas et ne font pas de geste, il se promenait fiévreusement à travers les immenses salles.

C'était un spectacle étrange que de voir ce Pharaon à la haute stature, au maintien imposant, formidable comme les colosses de granit, ses images, faire retentir les larges dalles sous le patin recourbé de sa chaussure.

A son passage, les gardes terrifiés semblaient se figer en statues ; leur souffle s'arrêtait, et l'on ne voyait même plus trembler la double plume d'autruche de leur coiffure. Lorsqu'il était loin, à peine osaient-ils se dire :

« Qu'a donc aujourd'hui le Pharaon? Il serait rentré vaincu de son expédition, qu'il ne serait pas plus morose et plus sombre. »

Si, au lieu d'avoir remporté dix victoires, tué vingt mille ennemis, ramené deux mille vierges choisies parmi les plus belles, rapporté cent charges de poudre d'or, mille charges de bois d'ébène et de dents d'éléphant, sans compter les productions rares et les animaux inconnus, Pharaon eût vu son armée taillée en pièces, ses chars de guerre renversés et brisés, et se fût sauvé seul de la déroute sous une nuée de flèches, poudreux, sanglant, prenant les rênes des mains de son cocher mort à côté de lui, il n'eût pas eu, certes, un visage plus morne et plus désespéré. Après tout, la terre d'Égypte est fertile en soldats ; d'innombrables chevaux hennissent et fouillent le sol du pied dans les écuries du palais, et les ouvriers ont bientôt courbé le bois, fondu le cuivre, aiguisé l'airain! La fortune des combats est changeante; un désastre se répare! Mais avoir souhaité une chose qui ne s'était pas accomplie sur-le-champ, rencontré un obstacle entre sa volonté et la réalisation de cette volonté, lancé comme une javeline un désir qui n'avait pas atteint le but : voilà ce qui étonnait ce Pharaon dans les zones supérieures de sa toute-puissance! Un instant il eut l'idée qu'il n'était qu'un homme!

Il errait donc par les vastes cours, suivant les dromos de colonnes géantes, passant sous les pylônes démesurés, entre les obélisques élancés d'un seul jet et les colosses qui le regardaient de leurs grands yeux effarés; il parcourait la salle hypostyle et se perdait à travers la forêt granitique de ses cent soixante-deux colonnes hautes et fortes comme des tours; les figures de dieux, de rois et d'êtres symboliques peintes sur les murailles semblaient fixer sur lui l'œil inscrit de face en lignes noires sur leurs masques de profil; les uræus se tordre et gonfler leur gorge, les divinités ibiocéphales allonger leur col, les globes dégager des corniches leurs ailes de pierre et les faire palpiter. Une vie étrange et fantastique animait ces représentations bizarres, peuplant d'apparences

vivantes la solitude de la salle énorme, grande à
elle seule comme un palais tout entier. Ces divinités, ces ancêtres, ces monstres chimériques,
dans leur immobilité éternelle, étaient surpris
de voir le Pharaon, ordinairement aussi calme
qu'eux-mêmes, aller, venir, comme si ses membres fussent de chair, et non de porphyre ou de
basalte.

Las de tourner dans ce monstrueux bois de colonnes soutenant un ciel de granit, comme un lion
qui cherche la piste de sa proie et flaire de son
mufle froncé le sable mobile du désert, Pharaon
monta sur une terrasse du palais, s'allongea sur
un lit bas et fit appeler Timopht.

Timopht parut et s'avança du haut de l'escalier
jusqu'au Pharaon en se prosternant à chaque pas.
Il redoutait la colère du maître dont un instant il
avait espéré la faveur. L'habileté déployée à découvrir la demeure de Tahoser suffirait-elle pour
faire excuser le crime d'avoir perdu la trace de
cette belle fille?

Relevant un genou et laissant l'autre ployé, Timopht étendit ses bras vers le roi avec un geste
suppliant.

« O roi, ne me fais pas mourir ni battre outre
mesure ; la belle Tahoser, fille de Pétamounoph,
sur laquelle ton désir a daigné descendre comme

9.

un épervier qui fond sur une colombe, se retrouvera sans doute, et quand, de retour à sa demeure, elle verra tes magnifiques présents, son cœur sera touché, et, d'elle-même, elle viendra, parmi les femmes qui habitent ton gynécée, prendre la place que tu lui assigneras.

— As-tu interrogé ses servantes et ses esclaves? dit le Pharaon; le bâton délie les langues les plus rebelles, et la souffrance fait dire ce qu'on voudrait cacher.

— Nofré et Souhem, sa suivante favorite et son plus vieux serviteur, m'ont dit qu'ils avaient remarqué que les verrous de la porte du jardin étaient tirés, et que probablement leur maîtresse était sortie par là. La porte donne sur le fleuve, et l'eau ne garde pas le sillage des barques.

— Qu'ont dit les bateliers du Nil?

— Ils n'avaient rien vu : un seul a dit qu'une femme pauvrement vêtue avait passé le fleuve aux premières lueurs du jour. Mais ce ne pouvait être la belle et riche Tahoser, dont tu as remarqué toi-même la figure, et qui marche comme une reine sous des vêtements splendides. »

Le raisonnement de Timopht ne parut pas convaincre Pharaon; il appuya son menton dans sa main et réfléchit quelques minutes. Le pauvre Timopht attendait en silence, craignant quelque explosion de fureur. Les lèvres du roi remuaient comme s'il se fût parlé à lui-même : « Cet humble habit était un déguisement.... Oui, c'est cela.... Ainsi travestie, elle est passée de l'autre côté du fleuve.... Ce Timopht est un imbécile, sans la moindre pénétration. J'ai bien envie de le faire jeter aux crocodiles ou rouer de coups.... — mais pour quel motif? Une vierge de haute naissance, fille d'un grand prêtre, s'échapper ainsi de son palais, seule, sans prévenir personne de son dessein !... Il y a peut-être quelque amour au fond de ce mystère. »

A cette idée, la face du Pharaon s'empourpra comme à un reflet d'incendie : tout le sang lui était monté du cœur au visage ; à la rougeur succéda une pâleur affreuse, ses sourcils se tordirent comme les vipères des diadèmes, sa bouche se contracta, ses dents grincèrent, et sa physionomie devint si terrible, que Timopht épouvanté se laissa tomber le nez sur les dalles, comme tombe un homme mort.

Mais le Pharaon se calma ; sa figure reprit son aspect majestueux, ennuyé et placide ; et, voyant que Timopht ne se relevait pas, il le poussa dédaigneusement du pied.

Quand Timopht, qui se regardait déjà comme étendu sur le lit funèbre à pieds de chacal, au quartier des Memnonia, le flanc ouvert, le ventre vidé et prêt à prendre le bain de saumure, se redressa, il n'osa pas lever les yeux vers le roi et resta affaissé sur ses talons, en proie à l'angoisse la plus poignante.

« Allons, Timopht, dit Sa Majesté, lève-toi, cours, dépêche des émissaires de tous côtés, fais fouiller les temples, les palais, les maisons, les villas, les jardins, jusqu'aux plus humbles cahutes, et retrouve Tahoser ; envoie des chars sur toutes les routes, fais sillonner le Nil en tous sens par des barques ; va toi-même, et demande à ceux que tu rencontreras s'ils n'ont pas vu une femme de telle sorte ; viole les tombeaux si elle s'est réfugiée dans l'asile de la mort, au fond de quelque syringe ou de quelque hypogée ; cherche-la comme Isis a cherché son mari Osiris déchiré par Typhon, et, morte ou vivante, ramène-la, ou, par l'uræus de mon pschent, par le bouton de lotus de mon sceptre, tu périras dans d'affreux supplices. »

Timopht s'élança avec la rapidité de l'ibex pour exécuter les ordres du Pharaon, qui, rasséréné, prit une de ces poses de grandeur tranquille que les sculpteurs aiment à donner aux colosses assis à la porte des temples et des palais, et, calme comme il convient à ceux dont les sandales estampées de captifs liés par les coudes reposent sur la tête des peuples, il attendit.

Un tonnerre sourd résonna autour du palais, et, si le ciel n'eût été d'un bleu de lapis-lazuli immuable, on eût pu croire à un orage : c'étaient les bruits des chars lancés au galop dans toutes les directions, et dont les roues tourbillonnantes retentissaient sur le sol.

Bientôt le Pharaon put apercevoir du haut de sa terrasse les barques coupant l'eau du fleuve sous l'effort des rameurs, et les émissaires se répandre sur l'autre rive à travers la campagne.

La chaîne libyque, avec ses lumières roses et ses ombres d'un bleu de saphir, fermait l'horizon et servait de fond aux gigantesques constructions des Rhamsès, d'Amenoph et de Menephta ; les pylônes aux angles en talus, les murailles aux corniches évasées, les colosses aux mains posées sur les genoux, se dessinaient, dorés par un rayon de soleil, sans que l'éloignement pût leur ôter de leur grandeur. Mais ce n'étaient pas ces orgueilleux édifices que regardait Pharaon ; parmi les bouquets de palmiers et les champs cultivés, des maisons, des kiosques coloriés s'élevaient çà et là, tachetant la teinte vivace de la végétation. Sous un de ces toits, sous une de ces terrasses, Tahoser se cachait sans doute, et, par une opération magique, il eût voulu les soulever ou les rendre transparents.

Les heures succédèrent aux heures ; déjà le soleil avait disparu derrière les montagnes, lançant ses derniers feux à Thèbes, et les messagers ne revenaient pas. Pharaon gardait toujours son attitude immobile. La nuit s'étendit sur la ville, calme, fraîche et bleue ; les étoiles se mirent à scintiller et à faire trembler leurs longs cils d'or dans l'azur profond ; et sur le coin de la terrasse le Pharaon silencieux, impassible, découpait ses noirs contours comme une statue de basalte scellée à l'entablement. Plusieurs fois les oiseaux nocturnes voltigèrent autour de sa tête pour s'y poser ; mais, effrayés par sa respiration lente et profonde, ils s'enfuyaient en battant des ailes.

De cette hauteur, le roi dominait sa ville déployée à ses pieds. Du sein de l'ombre bleuâtre jaillissaient les obélisques aux pyramidions aigus, les pylônes, portes gigantesques traversées de rayons, les hautes corniches, les colosses émergeant jusqu'aux épaules du tumulte des constructions, les propylées, les colonnes épanouissant leurs chapiteaux comme d'énormes fleurs de granit, les angles des temples et des palais révélés par une touche argentée de lumière ; les viviers sacrés s'étalaient en miroitant comme du métal poli, les sphinx et les criosphinx alignés en dromos allongeaient leurs pattes, évasaient leur croupe, et les toits plats se succédaient à l'infini, blanchissant sous la lune en masses coupées çà et là de tranches profondes par les places et les rues : des points rouges piquaient cette obscurité bleue, comme si les étoiles eussent laisser tomber des étincelles sur la terre ; c'étaient les lampes qui veillaient encore dans la ville endormie ; plus loin, entre les édifices moins serrés, de vagues touffes de palmiers balançaient leurs éventails de feuilles ; au delà les contours et les formes se perdaient dans la vaporeuse immensité, car l'œil de l'aigle même n'aurait pu atteindre aux limites de Thèbes, et de l'autre côté le vieil Hopi-Mou descendait majestueusement vers la mer.

Planant par l'œil et la pensée sur cette ville démesurée dont il était le maître absolu, Pharaon réfléchissait tristement aux bornes du pouvoir humain, et son désir, comme un vautour affamé, lui rongeait le cœur ; il se disait :

« Toutes ces maisons renferment des êtres dont mon aspect fait courber le front dans la poussière, et pour qui ma volonté est un ordre des dieux. Lorsque je passe sur mon char d'or ou dans ma litière portée par des oëris, les vierges sentent leur sein palpiter en me suivant d'un long regard timide ; les prêtres m'encensent avec la fumée des amschirs ; le peuple balance des palmes ou répand des fleurs ; le sifflement d'une de mes flèches fait trembler les nations, et les murs des pylônes, immenses comme des montagnes taillées à pic, suffisent à peine pour inscrire mes victoires ; les carrières s'épuisent à fournir du granit pour mes images colossales ; une fois, dans ma satiété superbe, je forme un souhait, et ce souhait je ne peux l'accomplir ! Timopht ne reparait pas : il n'aura rien trouvé sans doute. O Tahoser ! Tahoser ! que de bonheur tu me dois pour cette attente ! »

Cependant les émissaires, Timopht en tête, visitaient les maisons, battaient les routes, s'informant de la fille du prêtre, donnant son signalement aux voyageurs qu'ils rencontraient. Mais personne ne pouvait leur répondre.

Un premier messager parut sur la terrasse, annonçant au Pharaon que Tahoser ne se retrouvait pas.

Le Pharaon étendit son sceptre ; le messager tomba mort, malgré la dureté proverbiale du crâne des Égyptiens.

Un second se présenta ; il heurta du pied le corps de son camarade, allongé sur la dalle ; un tremblement le prit, car il vit que le Pharaon était en colère.

« Et Tahoser ? dit le Pharaon sans changer de posture.

— O Majesté ! sa trace est perdue, » répondit le malheureux agenouillé dans l'ombre, devant cette ombre noire qui ressemblait plutôt à une statue osirienne qu'à un roi vivant.

Le bras de granit se détacha du torse immobile, et le sceptre de métal descendit comme un carreau de foudre. Le second messager roula à côté du premier.

Un troisième eut le même sort.

.... De maison en maison, Timopht arriva au pavillon de Poëri, qui, rentré de son excursion nocturne, s'était étonné le matin de ne pas voir la fausse Hora. Haphré et les servantes qui la veille avaient soupé avec elle, ne savaient pas ce qu'elle pouvait être devenue ; sa chambre visitée était vide ; on l'avait cherchée vainement dans les jardins, les celliers, les greniers et les lavoirs.

Aux questions de Timopht, Poëri répondit qu'en effet une jeune fille s'était présentée à sa porte avec l'attitude suppliante du malheur, implorant à genoux l'hospitalité, qu'il l'avait accueillie favorablement, lui offrant le couvert et la nourriture, mais qu'elle s'en était allée d'une façon mystérieuse, et pour une cause qu'il ne pouvait soupçonner. Quel chemin avait-elle pris ? il l'ignorait. Sans doute, un peu reposée, elle avait continué sa route vers un but inconnu. Elle était belle, triste, couverte d'une simple étoffe, et semblait pauvre ; le nom d'Hora qu'elle s'était donné déguisait-il le nom de Tahoser ? il laissait la sagacité de Timopht décider cette question.

Muni de ces renseignements, Timopht revint au palais, et, se tenant hors de la portée du sceptre du Pharaon, il lui raconta ce qu'il avait appris.

« Qu'est-elle allée faire chez Poëri ? se dit le Pharaon ; si vraiment Hora cache Tahoser, elle aime Poëri. Non, car elle ne se serait pas enfuie de la sorte après avoir été reçue sous son toit. Ah ! je la retrouverai, dussé-je bouleverser l'Égypte, des cataractes au Delta. »

XI

Ra'hel, qui du seuil de la cabane regardait Poëri s'éloigner, crut entendre un faible soupir ; elle écouta. Quelques chiens aboyaient à la lune ; la chouette poussait son cri funèbre, et les crocodiles vagissaient entre les roseaux du fleuve, imitant le cri d'un enfant en détresse. La jeune Israélite allait rentrer, lorsqu'un gémissement plus distinct, qui ne pouvait être attribué aux vagues plaintes de la nuit, et sortait à coup sûr d'une poitrine humaine, frappa une seconde fois son oreille.

Elle s'approcha avec précaution, redoutant quelque embûche, de l'endroit d'où venait le son, et près du mur de la cabane elle aperçut dans l'ombre bleuâtre et transparente comme la forme d'un corps affaissé à terre ; la draperie mouillée moulait les formes de la fausse Hora et trahissait son sexe par de pures rondeurs. Ra'hel, voyant qu'elle n'avait affaire qu'à une femme évanouie, perdit toute crainte et s'agenouilla près d'elle, interrogeant le souffle de sa bouche et le battement de son cœur. L'un expirait sur des lèvres pâles, l'autre soulevait à peine une gorge froide. Sentant l'eau qui trempait la robe de l'inconnue, Ra'hel crut d'abord que c'était du sang, et s'imagina avoir devant elle la victime d'un meurtre, et pour lui porter un secours plus efficace, elle appela Thamar, sa servante, et à elles deux elles portèrent Tahoser dans la cabane.

Les deux femmes l'étendirent sur le lit de repos. Thamar tint la lampe élevée, pendant que Ra'hel, penchée sur la jeune fille, cherchait sa blessure ; mais aucune raie rouge ne tranchait sur la blancheur morte de Tahoser, et sa robe ne présentait pas de tache pourprée ; elles lui enlevèrent son vêtement humide, et jetèrent sur elle une étoffe de laine rayée dont la douce chaleur eut bientôt fait reprendre son cours à la vie suspendue. Tahoser ouvrit lentement les yeux et promena autour d'elle son regard effaré, comme une gazelle prise.

Il lui fallut quelques minutes pour renouer le fil rompu de ses idées. Elle ne pouvait comprendre encore comment elle se trouvait dans cette cham-

bre, sur ce lit' où, tout à l'heure, elle avait vu
Poëri et la jeune Israélite assis l'un près de l'autre
et les mains enlacées, se parlant d'amour, tandis
qu'elle, haletante, éperdue, regardait à travers la
fissure de la muraille ; mais bientôt la mémoire
lui revint, et avec elle le sentiment de sa situation.

La lumière donnait en plein sur la figure de
Ra'hel, et Tahoser l'étudiait en silence, malheureuse de la trouver si régulièrement belle. En
vain, avec toute l'âpreté de la jalousie féminine,
elle y chercha un défaut; elle se sentit non pas
vaincue, mais égalée : Ra'hel était l'idéal israélite
comme Tahoser était l'idéal égyptien. Chose dure
pour un cœur aimant, elle fut forcée d'admettre la
passion de Poëri comme juste et bien placée. Ces
yeux aux cils noirs recourbés, ce nez d'une coupe
si noble, cette bouche rouge au sourire éblouissant, cet ovale allongé avec tant d'élégance, ces
bras forts près des épaules et terminés par des
mains enfantines, ce col rond et gras qui se tournait en formant des plis plus beaux que des colliers de pierres précieuses, tout cela, rehaussé
d'une parure exotique et bizarre, devait immanquablement plaire.

« J'ai commis une grande faute, se disait Tahoser, quand je me suis présentée à Poëri sous l'humble aspect d'une suppliante, me fiant à mes charmes trop vantés par des flatteurs. Insensée! j'ai fait comme un soldat qui s'en irait à la guerre sans cuirasse et sans harpé. Si j'avais paru armée de mon luxe, couverte de bijoux et d'émaux, debout sur mon char d'or, suivie de mes nombreux esclaves, j'aurais peut-être intéressé sa vanité, sinon son cœur.

— Comment te trouves-tu maintenant? » dit Ra'hel en langue égyptienne à Tahoser; car à la coupe du visage et aux cheveux nattés en cordelettes, elle avait reconnu que la jeune fille n'appartenait pas à la race israélite.

Le son de cette voix était compatissant et doux, et l'accent étranger lui donnait une grâce de plus.

Tahoser en fut touchée malgré elle, et répondit :

« Je vais un peu mieux; tes bons soins m'auront bientôt guérie.

— Ne te fatigue pas à parler, répondit l'Israélite en posant sa main sur la bouche de Tahoser. Tâche de dormir pour reprendre des forces : Thamar et moi nous veillerons sur ton sommeil. »

Les émotions, la traversée du Nil, la longue course à travers les quartiers perdus de Thèbes, avaient épuisé la fille de l'étamounoph. Son corps délicat était brisé, et bientôt ses longs cils s'abaissèrent, formant un demi-cercle noir sur ses joues que coloraient les rougeurs de la fièvre. Le sommeil vint, mais agité, inquiet, traversé de songes bizarres, hanté d'hallucinations menaçantes ; des soubresauts nerveux faisaient tressaillir la dormeuse, et des paroles sans suite, répliquant au dialogue intérieur du rêve, balbutiaient sur ses lèvres entr'ouvertes.

Assise au chevet du lit, Ra'hel suivait les mouvements de physionomie de Tahoser, s'inquiétant lorsqu'elle voyait les traits de la jeune malade se contracter et prendre une expression douloureuse, se rassérénant quand le calme lui revenait; Thamar, accroupie en face de sa maîtresse, observait aussi la fille du prêtre, mais sa figure exprimait moins de bienveillance. Des instincts vulgaires se lisaient dans les rides de son front bas, pressé par la large bandelette de la coiffure israélite ; ses yeux, éclatants encore malgré l'âge, pétillaient de curiosité interrogative dans leurs orbites de rides brunes ; son nez osseux, luisant et recourbé comme le bec d'un gypaëte, semblait subodorer des secrets, et ses lèvres, remuées silencieusement, avaient l'air de préparer des questions.

Cette inconnue ramassée à la porte de la cabane l'intriguait vivement. D'où venait-elle? comment se trouvait-elle là? dans quel but? qui pouvait-elle être? Telles étaient les demandes que se posait Thamar, et auxquelles, à son grand regret, elle n'imaginait pas de réponses satisfaisantes. Il faut dire aussi que Thamar, comme toutes les vieilles femmes, avait une prévention contre la beauté; et, sous ce rapport, Tahoser lui déplaisait. La fidèle servante pardonnait à sa maîtresse seulement d'être jolie, et cette beauté, elle la considérait comme *sienne* : elle en était fière et jalouse.

Voyant que Ra'hel gardait le silence, la vieille se leva, vint s'asseoir près d'elle, et faisant clignoter ses yeux, dont la paupière bistrée s'abaissait et s'élevait comme une aile de chauve-souris, elle lui dit à voix basse en langue hébraïque :

« Maîtresse, je n'augure rien de bon de cette femme.

— Et pourquoi, Thamar? répondit Ra'hel sur le même ton et dans le même idiome.

— Il est singulier, reprit la défiante Thamar, qu'elle se soit évanouie *là*, et non ailleurs.

— Elle s'est affaissée à l'endroit où le mal l'a prise. »

La vieille hocha la tête d'un air de doute.

« Croirais-tu, dit la bien-aimée de Poëri, que son évanouissement n'était pas réel? Le paraschiste eût pu lui inciser le flanc de sa pierre tranchante, tellement elle ressemblait à un cadavre. Ce regard éteint, ces lèvres pâles, ces joues décolorées, ces membres inertes, cette peau froide comme celle d'une morte, tout cela ne se contrefait pas.

— Non sans doute, reprit Thamar, quoiqu'il y ait des femmes assez habiles pour feindre tous ces symptômes dans un intérêt quelconque, de manière à tromper les plus clairvoyants. Je pense que cette jeune fille avait en effet perdu connaissance.

— Alors sur quoi portent tes soupçons?

— Comment se trouvait-elle là, au milieu de la nuit, dans ce quartier lointain, habité seulement par les pauvres captifs de notre tribu, que le méchant Pharaon emploie à faire des briques, sans vouloir leur donner la paille pour cuire l'argile moulée? Quel motif amenait cette Égyptienne autour de nos misérables cabanes? Pourquoi son vêtement était-il trempé comme si elle sortait d'une piscine ou d'un fleuve?

— Je l'ignore comme toi, répondit Ra'hel.

— Si c'était une espionne de nos maîtres? dit

la vieille, dont les yeux fauves s'allumèrent d'un éclair de haine. De grandes choses se préparent ; qui sait si l'éveil n'a pas été donné?

— Comment cette jeune fille malade pourrait-elle nous nuire? elle est entre nos mains, faible, isolée et gisante : nous pouvons d'ailleurs, à la moindre apparence suspecte, la retenir prisonnière jusqu'au jour de la délivrance.

— En tout cas, il faut s'en défier; regarde comme ses mains sont délicates et douces. »

Et la vieille Thamar souleva un des bras de Tahoser endormie.

« En quoi la finesse de sa peau peut-elle nous mettre en danger?

— O jeunesse imprudente! dit Thamar; ô jeunesse folle, qui ne sait rien voir, et qui marche dans la vie pleine de confiance, sans croire aux embûches, à la ronce cachée sous l'herbe, au charbon couvert de cendre, et qui caresserait volontiers la vipère, prétendant que ce n'est qu'une couleuvre! Comprends donc, Ra'hel, et dessille tes yeux. Cette femme n'appartient pas à la classe dont elle semble faire partie; son pouce ne s'est pas aplati sur le fil du fuseau, et cette petite main, adoucie par les pâtes et les aromates, n'a jamais travaillé; cette misère est un déguisement. »

Les paroles de Thamar parurent faire impression sur Ra'hel ; elle examina Tahoser avec plus d'attention.

La lampe versait sur elle ses rayons tremblotants, et les formes pures de la fille du prêtre se dessinaient à la jaune clarté dans l'abandon du sommeil. Le bras que Thamar avait soulevé reposait encore sur le manteau de laine rayée, rendu plus blanc par le contraste de l'étoffe sombre ; au poignet s'arrondissait le bracelet en bois de santal, parure grossière de la coquetterie pauvre ; mais, si l'ornement était rude et mal ciselé, la chair, en effet, semblait avoir été pétrie dans le bain parfumé de la richesse. Ra'hel vit alors combien Tahoser était belle ; mais cette découverte ne fit naître aucun mauvais sentiment dans son cœur. Cette beauté l'attendrit au lieu de l'irriter comme Thamar. Elle ne put croire que cette perfection cachât une âme abjecte et perfide, et en cela sa jeune candeur jugeait mieux que l'antique expérience de sa suivante.

Le jour parut enfin, et la fièvre de Tahoser s'accrut ; elle eut quelques instants de délire suivis de longues somnolences.

« Si elle allait mourir ici, disait Thamar, on nous accuserait de l'avoir tuée.

— Elle ne mourra pas, répondait Ra'hel en approchant des lèvres de la jeune malade que la soif brûlait une coupe d'eau pure.

— J'irais de nuit jeter le corps au Nil, continuait l'obstinée Thamar, et les crocodiles se chargeraient de le faire disparaître. »

La journée se passa ; la nuit vint, et à l'heure accoutumée, Poëri, ayant fait le signal convenu, parut comme la veille sur le seuil de la cabane. Ra'hel vint au-devant de lui, le doigt sur la bouche, lui faisant signe de garder le silence et de baisser la voix, car Tahoser dormait.

Poëri, que Ra'hel prit par la main pour le conduire au lit où reposait Tahoser, reconnut aussitôt la fausse Hora, dont la disparition le préoccupait surtout depuis la visite de Timopht, qui la cherchait au nom de son maître.

Un vif étonnement se peignit sur ses traits lorsqu'il se releva, après s'être penché sur le lit pour bien s'assurer que là gisait réellement la jeune fille qu'il avait accueillie, car il ne pouvait concevoir comment elle se trouvait en cet endroit.

Cette surprise alla au cœur de Ra'hel : elle se plaça devant Poëri pour lire de plus près la vérité dans ses yeux, lui mit les mains sur les épaules, et, le pénétrant du regard, lui dit d'une voix sèche et brève, contrastant avec sa parole douce, d'ordinaire comme un roucoulement de tourterelle :

« Tu la connais donc? »

La figure de Thamar s'était contractée en une grimace de satisfaction ; elle était fière de sa perspicacité, et presque contente de voir ses soupçons à l'endroit de l'étrangère en partie réalisés.

« Oui, » répondit simplement Poëri.

Les yeux de charbon de la servante pétillèrent de curiosité maligne.

La figure de Ra'hel reprit son expression de sécurité ; elle ne doutait plus de son amant.

Poëri lui raconta qu'une jeune fille se donnant le nom d'Hora s'était présentée chez lui en suppliante, qu'il l'avait accueillie comme on doit le faire de tout hôte ; que le lendemain, elle manquait parmi les servantes, et qu'il ne pouvait s'expliquer comment elle se retrouvait là ; il ajouta aussi que des émissaires de Pharaon cherchaient partout Tahoser, la fille du grand prêtre Pétamounoph, disparue de son palais.

« Tu vois bien que j'avais raison, maîtresse, dit Thamar d'un ton de triomphe ; Hora et Tahoser sont la même personne.

— Cela est possible, répondit Poëri. Mais il y a ici plusieurs mystères que ma raison ne s'explique pas : d'abord, pourquoi Tahoser (si c'est elle) aurait-elle pris ce déguisement? et ensuite par quel prodige rencontré-je ici cette jeune fille que j'ai laissée hier soir de l'autre côté du Nil, et qui, certes, ne pouvait savoir où j'allais?

— Elle t'a suivi sans doute, dit Ra'hel.

— Il n'y avait, j'en suis sûr, à cette heure, d'autre barque sur le fleuve que la mienne.

— C'est donc pour cela que ses cheveux ruisselaient et que sa robe était trempée ; elle aura traversé le Nil à la nage.

— En effet, il m'a semblé un instant entrevoir dans l'obscurité une tête humaine au-dessus de l'eau.

— C'était elle, la pauvre enfant, dit Ra'hel, son évanouissement et sa fatigue le prouvent ; car, après ton départ, je l'ai relevée étendue sans connaissance en dehors de cette cabane.

— Les choses doivent en effet s'être passées de la sorte, dit le jeune homme. Je vois bien les actions, mais je n'en comprends pas les motifs.

— Je vais te les expliquer, dit en souriant Ra'hel, quoique je ne sois qu'une pauvre ignorante et qu'on te compare pour la science à ces prêtres d'Égypte qui étudient nuit et jour au fond de sanctuaires chamarrés d'hiéroglyphes mystérieux, dont eux seuls pénètrent les sens profonds ; mais quelquefois les hommes, si occupés de l'astronomie, de la musique et des nombres, ne devinent pas ce qui se passe dans le cœur des jeunes filles. Ils voient au ciel une étoile lointaine et ne remarquent pas un amour tout près d'eux : Hora, ou plutôt Tahoser, car c'est elle, a pris ce déguisement pour s'introduire dans ta maison, pour vivre près de toi ; jalouse, elle s'est glissée dans l'ombre derrière tes pas ; au risque d'être dévorée par les crocodiles du fleuve, elle a traversé le Nil ; arrivée ici, elle nous a épiés par quelque fente de la muraille et n'a pu supporter le spectacle de notre bonheur. Elle t'aime parce que tu es très-beau, très-fort et très-doux ; mais cela m'est bien égal, puisque tu ne l'aimes pas. As-tu compris, maintenant ? »

Une légère rougeur monta aux joues de Poëri ; il craignait que Ra'hel ne fût irritée et ne parlât ainsi pour lui tendre un piége ; mais le regard de Ra'hel, lumineux et pur, ne trahissait aucune arrière-pensée. Elle n'en voulait pas à Tahoser d'aimer celui qu'elle aimait elle-même.

A travers les fantômes de ses rêves, Tahoser aperçut Poëri debout auprès d'elle. Une joie extatique se peignit sur sa figure, et, se soulevant à demi, elle saisit la main pendante du jeune homme pour la porter à ses lèvres.

« Ses lèvres brûlent, dit Poëri en retirant sa main.

— D'amour autant que de fièvre, fit Ra'hel ; mais elle est vraiment malade ; si Thamar allait chercher Mosché ? Il est plus savant que les sages et les devins de Pharaon, dont il imite tous les prodiges ; il connaît la vertu des plantes et sait en composer des breuvages qui ressusciteraient les morts ; il guérira Tahoser, car je ne suis pas assez cruelle pour vouloir qu'elle perde la vie. »

Thamar partit en rechignant, et bientôt elle revint suivie d'un vieillard de haute stature, dont l'aspect majestueux commandait le respect : une immense barbe blanche descendait à flots sur sa poitrine, et de chaque côté de son front deux protubérances énormes accrochaient et retenaient la lumière ; on eût dit deux cornes ou deux rayons. Sous ses épais sourcils ses yeux brillaient comme des flammes. Il avait l'air, malgré ses habits simples, d'un prophète ou d'un dieu.

Mis au fait par Poëri, il s'assit près de la couche de Tahoser, et dit en étendant les mains sur elle : « Au nom de celui qui peut tout et près de qui les autres dieux ne sont que des idoles et des démons, quoique tu n'appartiennes pas à la race élue du Seigneur, jeune fille, sois guérie! »

XII

Le grand vieillard se retira d'un pas lent et solennel, laissant comme une lueur après lui. Tahoser, surprise de se sentir abandonnée subitement par le mal, promenait ses yeux autour de la chambre, et bientôt, se drapant de l'étoffe dont la jeune Israélite l'avait couverte, elle glissa ses pieds à terre et s'assit au bord du lit ; la fatigue et la fièvre avaient complétement disparu. Elle était fraîche comme après un long repos, et sa beauté rayonnait dans toute sa pureté. Chassant de ses petites mains les masses tressées de sa coiffure derrière ses oreilles, elle dégagea sa figure illuminée d'amour, comme si elle eût voulu que Poëri pût y lire. Mais, voyant qu'il restait immobile près de Ra'hel, sans l'encourager d'un signe ou d'un regard, elle se leva lentement, s'avança vers la jeune Israélite et lui jeta éperdument les bras autour du cou.

Elle resta ainsi, la tête cachée dans le sein de Ra'hel, lui mouillant en silence la poitrine de larmes tièdes.

Quelquefois un sanglot qu'elle ne pouvait réprimer la faisait convulsivement tressaillir, et la secouait sur le cœur de sa rivale ; cet abandon entier, cette désolation franche, touchèrent Ra'hel. Tahoser s'avouait vaincue, et implorait sa pitié par des supplications muettes, faisant appel aux générosités de la femme.

Ra'hel, émue, l'embrassa et lui dit : « Sèche les pleurs et ne te désole pas de la sorte. Tu aimes Poëri ; eh bien, aime-le : je ne serai pas jalouse. Yacoub, un patriarche de notre race, eut deux femmes : l'une s'appelait Ra'hel, comme moi, et l'autre Lia, Yacoub préférait Ra'hel, et cependant Lia, qui n'avait pas ta beauté, vécut heureuse près de lui. »

Tahoser s'agenouilla aux pieds de Ra'hel et lui baisa la main; Ra'hel la releva et lui entoura amicalement le corps d'un de ses bras.

C'était un groupe charmant que celui formé par ces deux femmes de races différentes dont elles résumaient la beauté. Tahoser élégante, gracieuse et fine comme une enfant grandie trop vite ; Ra'hel, éclatante, forte et superbe dans sa maturité précoce.

« Tahoser, dit Poëri, car c'est là ton nom, je pense, Tahoser, fille du grand prêtre Pétamounoph.... »

La jeune fille fit un signe d'acquiescement.

« Comment se fait-il que toi, qui vis à Thèbes dans un riche palais, entourée d'esclaves; et que les plus beaux parmi les Égyptiens désirent, tu aies choisi pour l'aimer le fils d'une race réduite en esclavage, un étranger qui ne partage pas ta croyance, et dont une si grande distance te sépare? »

Ra'hel et Tahoser sourirent, et la fille du grand prêtre répondit :

« C'est précisément pour cela.

— Quoique je sois en faveur auprès de Pharaon, intendant du domaine, et portant des cornes dorées dans les fêtes de l'agriculture, je ne puis m'élever à toi; aux yeux des Égyptiens, je ne suis qu'un esclave, et tu appartiens à la caste sacerdotale la plus haute, la plus vénérée. Si tu m'aimes, et je n'en puis douter, il faut descendre de ton rang....

— Ne m'étais-je déjà pas fait ta servante? Hora n'avait rien gardé de Tahoser, pas même les colliers d'émaux et les calasiris de gaze transparente; aussi tu m'as trouvée laide.

— Il faut renoncer à ton pays et me suivre aux

régions inconnues à travers le désert, où le soleil brûle, où le vent de feu souffle, où le sable mobile mêle et confond les chemins, où pas un arbre ne pousse, où ne sourd aucune fontaine, parmi les vallées d'égarement et de perdition, semées d'os blanchis pour jalons de route.

— J'irai, dit tranquillement Tahoser.

— Ce n'est pas assez, continua Poëri : tes dieux ne sont pas les miens, tes dieux d'airain, de basalte et de granit que façonna la main de l'homme, monstrueuses idoles à têtes d'épervier, de singe, d'ibis, de vache, de chacal, de lion, qui prennent des masques de bête comme s'ils étaient gênés par la face humaine où brille le reflet de Jéhovah. Il est dit : « Tu n'adoreras ni la pierre, ni le bois, « ni le métal. » Au fond de ces temples énormes cimentés avec le sang des races opprimées, ricanent hideusement accroupis d'impurs démons qui usurpent les libations, les offrandes et les sacrifices : un seul Dieu, infini, éternel, sans forme, sans couleur, suffit à remplir l'immensité des cieux que vous peuplez d'une multitude de fantômes. Notre Dieu nous a créés, et c'est vous qui créez vos dieux. »

Quelque éprise que Tahoser fût de Poëri, ces paroles produisirent sur elle un étrange effet, et elle se recula épouvantée. Fille d'un grand prêtre, elle était habituée à vénérer ces dieux que le jeune Hébreu blasphémait avec tant d'audace ; elle avait offert sur leurs autels des bouquets de lotus et brûlé des parfums devant leurs images impassibles : étonnée et ravie, elle s'était promenée à travers leurs temples bariolés d'éclatantes peintures. Elle avait vu son père accomplir les rites mystérieux, elle avait suivi les colléges de prêtres qui portaient la bari symbolique par les propylées énormes et les interminables dromos de sphinx, admiré non sans terreur les psychostasies où l'âme tremblante comparaît devant Osiris armé du fouet et du pédum, et contemplé d'un œil rêveur les fresques représentant les figures emblématiques voyageant vers les régions occidentales : elle ne pouvait renoncer ainsi à ses croyances.

Elle se tut quelques minutes, hésitant entre la religion et l'amour ; l'amour l'emporta, et elle dit :

« Tu m'expliqueras ton Dieu, et je tâcherai de le comprendre.

— C'est bien, dit Poëri, tu seras ma femme ; en attendant, reste ici, car le Pharaon, sans doute amoureux de toi, te fait chercher par ses émissaires ; il ne te découvrira pas sous cet humble toit, et dans quelques jours nous serons hors de sa puissance. Mais la nuit s'avance, il faut que je parte. »

Poëri s'éloigna, et les deux jeunes femmes, couchées l'une près de l'autre sur le petit lit, s'endormirent bientôt, se tenant par la main comme deux sœurs.

Thamar, qui pendant la scène précédente s'était tenue blottie dans un coin de la chambre, comme une chauve-souris accrochée à un angle par les ongles de ses membranes, marmotant des paroles entrecoupées et contractant les rides de son front bas, déplia ses membres anguleux, se dressa sur ses pieds, et, se penchant vers le lit, écouta la respiration des deux dormeuses. Lorsqu'à la régularité de leur souffle elle fut convaincue que leur sommeil était profond, elle se dirigea du côté de la porte, suspendant ses pas avec des précautions infinies.

Arrivée dehors, elle s'élança d'un pas rapide dans la direction du Nil, secouant les chiens qui se suspendaient par les dents au bord de sa tunique, ou les traînant quelques pas dans la poussière jusqu'à ce qu'ils lâchassent prise; d'autres fois elle les regardait avec des yeux si flamboyants, qu'ils reculaient en poussant des abois plaintifs et la laissaient passer.

Elle eut bientôt franchi les espaces dangereux et déserts qu'habitent la nuit les membres de l'association des voleurs, et pénétra dans les quartiers opulents de Thèbes; trois ou quatre rues, bordées de hauts édifices dont les ombres se projetaient par grands angles, la conduisirent à l'enceinte du palais qui était le but de sa course.

Il s'agissait d'y entrer, et la chose n'était pas facile à cette heure de nuit pour une vieille servante israélite, les pieds blancs de poussière et vêtue de haillons douteux.

Elle se présenta au pylône principal, devant lequel veillent accroupis cinquante criosphinx rangés sur deux lignes, comme des monstres prêts à broyer entre leurs mâchoires de granit les imprudents qui voudraient forcer le passage.

Les sentinelles l'arrêtèrent et la frappèrent rudement du bois de leurs javelines, puis ils lui demandèrent ce qu'elle voulait.

« Je veux voir Pharaon, répondit la vieille en se frottant le dos.

— Très-bien.... c'est cela.... déranger, pour cette sorcière, Pharaon, favori de Phré, préféré d'Ammon-Ra, conculcateur des peuples! » firent les soldats en se tenant les côtes de rire.

Thamar répéta opiniâtrément : « Je veux voir Pharaon tout de suite.

— Le moment est bien choisi! Pharaon a tué tantôt à coup de sceptre trois messagers; il se tient sur sa terrasse, immobile et sinistre comme

Typhon, dieu du mal, » dit un soldat daignant descendre à quelque explication.

La servante de Ra'hel essaya de forcer la consigne ; les javelines lui tombèrent en cadence sur la tête comme des marteaux sur l'enclume.

Elle se mit à pousser des cris d'orfraie plumée vive.

Au tumulte, un oëris accourut ; les soldats cessèrent de battre Thamar.

« Que prétend cette femme, dit l'oëris, et pourquoi la frappez-vous de la sorte ?

— Je veux voir Pharaon ! s'écria Thamar se traînant aux genoux de l'officier.

— Impossible, répondit l'oëris, quand même, au lieu d'être une misérable, tu serais un des plus hauts personnages du royaume.

— Je sais où est Tahoser, » lui chuchota la vieille, accentuant chaque syllabe.

L'oëris, à ces mots, prit Thamar par la main, lui fit franchir le premier pylône, et la conduisit, à travers l'allée de colonnes et la salle hypostyle, dans la seconde cour, où s'élève le sanctuaire de granit, précédé de deux colonnes à chapiteau de lotus ; là, appelant Timopht, il lui remit Thamar.

Timopht conduisit la servante sur la terrasse où se tenait Pharaon, morne et silencieux.

« Ne lui parle que hors de portée de son sceptre, » recommanda Timopht à l'Israélite.

Dès qu'elle aperçut le roi dans l'ombre, Thamar se laissa tomber la face contre les dalles à côté des corps qu'on n'avait pas relevés, et bientôt, se redressant, elle dit d'une voix assurée :

« O Pharaon ! ne me tue pas, j'apporte une bonne nouvelle.

— Parle sans crainte, répondit le roi, dont la fureur était calmée.

— Cette Tahoser que tes messagers ont cherchée aux quatre points du vent, je connais sa retraite. »

Au nom de Tahoser, Pharaon se leva tout d'une pièce et fit quelques pas vers Thamar toujours agenouillée.

« Si tu dis vrai, tu peux prendre dans mes chambres de granit tout ce que tu seras capable de soulever d'or et de choses précieuses.

— Je te la livrerai, sois tranquille, » dit la vieille avec un rire strident.

Quel motif avait poussé Thamar à dénoncer au Pharaon la retraite où se cachait la fille du prêtre ? Elle voulait ainsi empêcher une union qui lui déplaisait ; elle avait pour la race d'Égypte une haine aveugle, farouche, irraisonnée, presque bestiale, et l'idée de briser le cœur de Tahoser lui souriait; une fois aux mains de Pharaon, la rivale de Ra'hel ne pouvait plus s'échapper; les murs de granit du palais sauraient garder leur proie.

« Où est-elle? dit Pharaon; désigne l'endroit, je veux la voir sur-le-champ.

— Majesté, moi seul peux te guider; je connais les détours de ces quartiers immondes où le plus humble de tes serviteurs dédaignerait de mettre le pied. Tahoser est là, dans une cabane de terre mêlée de paille, que rien ne distingue des huttes qui l'avoisinent, parmi les tas de briques que les Hébreux moulent pour toi, hors des habitations régulières de la ville.

— Bien, je me fie à toi; Timopht, fais atteler un char. »

Timopht disparut.

Bientôt l'on entendit rouler les roues sur les dalles de la cour et piétiner les chevaux que les écuyers attachaient au joug.

Pharaon descendit, suivi de Thamar.

Il s'élança sur le char, prit les rênes, et, comme Thamar hésitait : « Allons, monte, » dit-il; il clappa de la langue, et les chevaux partirent. Les échos, réveillés, répétèrent le bruit des roues, qui retentirent comme un tonnerre sourd, au milieu du silence nocturne, par les sa'les vastes et profondes.

Cette vieille hideuse s'accrochant de ses doigts osseux au rebord du char, à côté de ce Pharaon de stature colossale et semblable à un dieu, formait un étrange spectacle qui, heureusement, n'avait pour témoin que les étoiles scintillant dans le bleu noir du ciel ; placée ainsi, elle ressemblait à un de ces mauvais génies à configuration monstrueuse qui accompagnent les âmes coupables aux enfers. Les passions rapprochent ceux qui ne devraient jamais se rencontrer.

« Est-ce par ici? dit le Pharaon à la servante, au bout d'une rue qui se bifurquait.

— Oui, » répondit Thamar en étendant sa main sèche dans la bonne direction.

Les chevaux, excités par le fouet, se précipitaient en avant, et le char sautait sur les pierres avec un bruit d'airain.

Pendant ce temps, Tahoser dormait près de Ra'hel : un rêve bizarre hantait son sommeil.

Il lui semblait être dans un temple d'une grandeur immense; d'énormes colonnes d'une hauteur prodigieuse soutenaient un plafond bleu constellé d'étoiles comme le ciel; d'innombrables lignes d'hiéroglyphes montaient et descendaient le long des murailles, entre les panneaux de fresques symboliques bariolés de couleurs lumineuses ; tous les dieux de l'Égypte s'étaient donné rendezvous dans ce sanctuaire universel, non pas en effigies d'airain, de basalte ou de porphyre, mais sous leurs formes vivantes. Au premier rang étaient assis les dieux super-célestes, Knef, Bouto, Phta, Pan-Mendès, Hathor, Phré, Isis ; ensuite venaient douze dieux célestes, six dieux mâles : Rempha, Pi-zéous, Ertosi, Pi-Hermès, Imuthès; et six dieux femelles : la Lune, l'Éther, le Feu, l'Air, l'Eau, la Terre. Derrière eux fourmillaient, foule indistincte et vague, les trois cent soixante-cinq Décans ou démons familiers de chaque jour. Ensuite apparaissaient les divinités terrestres : le second Osiris, Haroéri, Typhon, la deuxième Isis, Nepthys, Anubis à la tête de chien, Thoth, Busiris, Bubastis, le grand Serapis. Au delà, dans l'ombre, s'ébauchaient les idoles à formes animales : bœufs, crocodiles, ibis, hippopotames. Au milieu du temple, dans son cartonnage ouvert, gisait le grand prêtre Pétamounoph, qui, la face démaillotée, regardait d'un air ironique cette assemblée étrange et monstrueuse. Il était mort, mais il vivait et parlait, comme cela arrive souvent en rêve, et il disait à sa fille : « Interroge-les, et demande-leur s'ils sont des dieux. »

Et Tahoser allait posant à chacun la question, et tous répondaient : Nous ne sommes que des nombres, des lois, des forces, des attributs, des effluves et des pensées de Dieu; mais aucun de nous n'est le vrai Dieu. »

Et Poëri paraissait sur le seuil du temple, et, prenant Tahoser par la main, la conduisait vers une lumière si vive, qu'auprès le soleil eût paru noir, et au milieu de laquelle scintillaient dans un triangle des mots inconnus.

Cependant le char de Pharaon volait à travers les obstacles, et les essieux rayaient les murs aux passages étroits.

« Modère tes chevaux, dit Thamar au Pharaon; le fracas des roues dans cette solitude et ce silence pourrait donner l'éveil à la fugitive, et elle t'échapperait encore. »

Pharaon, trouvant le conseil judicieux, ralentit, malgré son impatience, l'allure impétueuse de son attelage.

« C'est là, dit Thamar, j'ai laissé la porte ouverte; entre, et je garderai les chevaux. »

Le roi descendit du char, et, baissant la tête, pénétra dans la cabane.

La lampe brûlait encore et versait sa clarté mourante sur le groupe des deux jeunes filles endormies.

Pharaon prit Tahoser dans ses bras robustes et se dirigea vers la porte de la hutte.

Quand la fille du prêtre s'éveilla et qu'elle vit

flamboyer près de son visage la face étincelante du Pharaon, elle crut d'abord que c'était une fantasmagorie de son rêve transformé; mais l'air de la nuit qui la vint frapper au visage lui rendit bientôt le sentiment de la réalité. Folle d'épouvante, elle voulut crier; appeler au secours : sa voix ne put jaillir de son gosier. Qui d'ailleurs lui eût porté aide contre Pharaon ?

D'un bond, le roi sauta sur son char, passa les rênes autour de ses reins, et, serrant sur son cœur Tahoser demi-morte, il lança ses coursiers au galop vers le palais du Nord.

Thamar se glissa comme un reptile dans la cabane, s'accroupit à sa place accoutumée et contempla avec un regard presque aussi tendre que celui d'une mère sa chère Ra'hel, qui dormait toujours.

XIII

Le courant d'air frais que produisait le mouvement rapide du char fit bientôt revenir Tahoser à la vie. Pressée et comme écrasée contre la poitrine du Pharaon par deux bras de granit, elle avait à peine la place d'un battement pour son cœur, et sur sa gorge pantelante s'imprimaient les durs colliers d'émaux. Les chevaux, auxquels le roi rendait les rênes en se penchant vers le bord du char, se précipitaient avec furie; les roues tourbillonnaient, les plaques d'airain sonnaient, les essieux enflammés fumaient. Tahoser, effarée, voyait vaguement, comme à travers un rêve, s'envoler à droite et à gauche des formes confuses de constructions, de masses d'arbres, de palais, de temples, de pylônes, d'obélisques, de colosses rendus fantastiques et terribles par la nuit. Quelles pensées pouvaient traverser son esprit pendant cette course effrénée? Elle n'avait pas plus d'idées que la colombe palpitante aux serres du faucon qui l'emporte dans son aire; une terreur muette la stupéfiait, glaçait son sang, suspendait ses facultés. Ses membres flottaient inertes, sa volonté était dénouée comme ses muscles, et, si les bras du Pharaon ne l'eussent retenue, elle aurait glissé et se serait ployée au fond du char comme une étoffe qu'on abandonne. Deux fois elle crut sentir sur sa joue un souffle ardent et deux lèvres de flamme, elle n'essaya pas de détourner la tête; l'épouvante chez elle avait tué la pudeur. A un heurt violent du char contre une pierre, un obscur instinct de conservation lui fit crisper les mains sur l'épaule du roi et se serrer contre lui, puis elle s'abandonna de nouveau et pesa de tout son poids, bien léger, sur le cercle de chair qui la meurtrissait.

L'attelage s'engagea dans un dromos de sphinx au bout duquel s'élevait un gigantesque pylône couronné d'une corniche où le globe emblématique déployait son envergure; la nuit, déjà moins opaque, permit à la fille du prêtre de reconnaître le palais du roi. Alors le désespoir s'empara d'elle; elle se débattit, elle essaya de se débarrasser de l'étreinte qui l'enlaçait, elle appuya ses mains frêles sur la dure poitrine du Pharaon, roidissant les bras, se renversant sur le bord du char. Efforts inutiles, lutte insensée! son ravisseur souriant la ramenait d'une pression irrésistible et lente contre son cœur, comme s'il eût voulu l'y incruster; elle se mit à crier, un baiser lui ferma la bouche.

Cependant les chevaux arrivèrent en trois ou quatre bonds devant le pylône, qu'ils traversèrent au galop, joyeux de rentrer à l'étable, et le char roula dans une immense cour.

Les serviteurs accoururent et se jetèrent à la tête des chevaux, dont les mors blanchissaient d'écume.

Tahoser promena autour d'elle ses regards effrayés; de hauts murs de briques formaient une vaste enceinte carrée où se dressait, au levant, un palais; au couchant, un temple entre deux vastes pièces d'eau, piscines des crocodiles sacrés. Les premiers rayons du soleil, dont le disque émergeait déjà derrière la chaîne arabique, jetaient une lueur rose sur le sommet des constructions, dont le reste baignait encore dans une ombre bleuâtre. Aucun espoir de fuite; l'architecture, quoiqu'elle n'eût rien de sinistre, présentait un caractère de force inéluctable, de volonté sans réplique, de persistance éternelle : un cataclysme cosmique seul eût pu ouvrir une issue dans ces murailles épaisses, à travers ces entassements de granit. Pour faire tomber ces pylônes composés de quartiers de montagnes, il eût fallu que la planète s'agitât sur ses bases ; l'incendie même n'eût fait que lécher de sa langue ces blocs indestructibles.

La pauvre Tahoser n'avait pas à sa disposition ces moyens violents, et force lui fut de se laisser emporter comme une enfant par le Pharaon, sauté à bas de son char.

Quatre hautes colonnes à chapiteaux de palmes formaient les propylées du palais où le roi pénétra, tenant toujours sur sa poitrine la fille de Pétamounoph. Quand il eut dépassé la porte, il posa délicatement son fardeau à terre, et, voyant Tahoser chanceler, il lui dit :

« Rassure-toi ; tu règnes sur Pharaon, et Pharaon règne sur le monde. »

C'était la première parole qu'il lui adressait.

Si l'amour se décidait d'après la raison, certes, Tahoser eût dû préférer Pharaon à Poëri. Le roi était doué d'une beauté surhumaine : ses traits grands, purs, réguliers, semblaient l'ouvrage du ciseau, et l'on n'eût pu y reprendre la moindre imperfection. L'habitude du pouvoir avait mis dans ses yeux cette lumière pénétrante qui fait reconnaître entre tous les divinités et les rois. Ses lèvres, dont un mot eût changé la face du monde et le sort des peuples., étaient d'un rouge pourpre comme du sang frais sur la lame d'un glaive, et, quand il souriait, avaient cette grâce des choses terribles, à laquelle rien ne résiste; sa taille haute, bien proportionnée, majestueuse, offrait la noblesse de lignes qu'on admire dans les statues des temples; et, quand il apparaissait solennel et radieux, couvert d'or, d'émaux et de pierres précieuses, au milieu de la vapeur bleuâtre des amschirs, il ne semblait pas faire partie de cette frêle race qui, génération par génération, tombe comme les feuilles et va s'étendre, engluée de bitume, dans les ténébreuses profondeurs des syringes.

Qu'était auprès de ce demi-dieu le chétif Poëri? et pourtant Tahoser l'aimait. Les sages ont, depuis longtemps, renoncé à expliquer le cœur des femmes; ils possèdent l'astronomie, l'astrologie, l'arithmétique; ils connaissent le thème natal de l'univers, et peuvent dire le domicile des planètes au moment même de la création du monde. Ils sont sûrs qu'alors la lune était dans le signe du Cancer, le soleil dans le Lion, Mercure dans la Vierge, Vénus dans la Balance, Mars dans le Scorpion, Jupiter dans le Sagittaire, Saturne dans le Capricorne; ils tracent sur le papyrus ou le granit le cours de l'océan céleste qui va d'orient en

occident ; ils ont compté les étoiles semées sur la
robe bleue de la déesse Neith, et font voyager le
soleil à l'hémisphère supérieur et à l'hémisphère
inférieur, avec les douze baris diurnes et les douze
baris nocturnes, sous la conduite du pilote hiéra-
cocéphale et de Neb-Wa, la Dame de la barque ; ils savent qu'à la dernière moitié du mois
de Tôbi, Orion influe sur l'oreille gauche et Si-
rius sur le cœur; mais ils ignorent entièrement
pourquoi une femme préfère un homme à un
autre, un misérable Israélite à un Pharaon illustre.

Après avoir traversé plusieurs salles avec Tahoser, qu'il guidait par la main, le roi s'assit sur un
siége en forme de trône, dans une chambre
splendidement décorée.

Au plafond bleu scintillaient des étoiles d'or,
et contre les piliers qui supportaient la corniche
s'adossaient des statues de rois coiffés du pschent,
les jambes engagées dans le bloc et les bras croisés sur la poitrine, dont les yeux bordés de lignes
noires regardaient dans la chambre avec une intensité effrayante.

Entre chaque pilier brûlait une lampe posée
sur un socle, et les panneaux des murailles représentaient une sorte de défilé ethnographique.
On y voyait figurées avec leurs physionomies spé-

ciales et leurs costumes particuliers les nations des quatre parties du monde.

En tête de la série, guidée par Horus, le pasteur des peuples, marchait l'homme par excellence, l'Égyptien, le Rot-en-ne-rôme, à la physionomie douce, au nez légèrement aquilin, à la chevelure nattée, à la peau d'un rouge sombre, que faisait ressortir un pagne blanc. Ensuite venait le nègre ou Nahasi, avec sa peau noire, ses lèvres bouffies, ses pommettes saillantes, ses cheveux crépus ; puis l'Asiatique ou Namou, à couleur de chair tirant sur le jaune, à nez fortement aquilin, à barbe noire et fournie, aiguisée en pointe, vêtu d'une jupe bariolée, frangée de houppes ; puis l'Européen ou Tamhou, le plus sauvage de tous, différant des autres par son teint blanc, ses yeux bleus, sa barbe et sa chevelure rousses, une peau de bœuf non préparée jetée sur l'épaule, des tatouages aux bras et aux jambes.

Des scènes de guerre et de triomphe remplissaient les autres panneaux, et des inscriptions hiéroglyphiques en expliquaient le sens.

Au milieu de la chambre, sur une table que supportaient des captifs liés par les coudes, sculptés si habilement qu'ils paraissaient vivre et souffrir, s'épanouissait une énorme gerbe de fleurs dont les émanations suaves parfumaient l'atmosphère.

Ainsi, dans cette chambre magnifique qu'entouraient les effigies de ses aïeux, tout racontait et chantait la gloire du Pharaon. Les nations du monde marchaient derrière l'Égypte et reconnaissaient sa suprématie, et lui commandait à l'Égypte; cependant la fille de Pétamounoph, loin d'être éblouie de cette splendeur, pensait au pavillon champêtre de Poëri, et surtout à la misérable hutte de boue et de paille du quartier des Hébreux, où elle avait laissé Ra'hel endormie, Ra'hel maintenant l'heureuse et seule épouse du jeune Hébreu.

Pharaon tenait le bout des doigts de Tahoser debout devant lui, et il fixait sur elle ses yeux de faucon, dont jamais les paupières ne palpitaient; la jeune fille n'avait pour vêtement que la draperie substituée par Ra'hel à sa robe mouillée pendant la traversée du Nil; mais sa beauté n'y perdait rien; elle était là demi-nue, retenant d'une main la grossière étoffe qui glissait, et tout le haut de son corps charmant apparaissait dans sa blancheur dorée. Quand elle était parée, on pouvait regretter la place qu'occupaient ses gorgerins, ses bracelets et ses ceintures en or ou en pierres de couleur; mais, à la voir privée ainsi de tout ornement, l'admiration se rassasiait ou plutôt s'exaltait.

Certes, beaucoup de femmes très-belles étaient entrées dans le gynécée de Pharaon ; mais aucune n'était comparable à Tahoser, et les prunelles du roi dardaient des flammes si vives, qu'elle fut obligée de baisser les yeux, n'en pouvant supporter l'éclat.

En son cœur Tahoser était orgueilleuse d'avoir excité l'amour de Pharaon : car quelle est la femme, si parfaite qu'elle soit, qui n'ait pas de vanité? Pourtant elle eût préféré suivre au désert le jeune Hébreu. Le roi l'épouvantait, elle se sentait éblouie des splendeurs de sa face, et ses jambes se dérobaient sous elle. Pharaon, qui vit son trouble, la fit asseoir à ses pieds sur un coussin rouge brodé et orné de houppes.

« O Tahoser! dit-il en la baisant sur les cheveux, je t'aime. Quand je t'ai vue du haut de mon palanquin de triomphe porté au-dessus du front des hommes par les oëris, un sentiment inconnu est entré dans mon âme. Moi, que les désirs préviennent, j'ai désiré quelque chose; j'ai compris que je n'étais pas tout. Jusque-là j'avais vécu solitaire dans ma toute-puissance, au fond de mes gigantesques palais, entouré d'ombres souriantes qui se disaient des femmes et ne produisaient pas

plus d'impression sur moi que les figures peintes
des fresques. J'écoutais au loin bruire et se plain-
dre vaguement les nations sur la tête desquelles
j'essuyais mes sandales ou que j'enlevais par leurs
chevelures, comme me représentent les bas-reliefs
symboliques des pylônes, et, dans ma poitrine
froide et compacte comme celle d'un dieu de basalte, je n'entendais pas le battement de mon cœur.
Il me semblait qu'il n'y eût pas sur terre un être
pareil à moi et qui pût m'émouvoir ; en vain de mes
expéditions chez les nations étrangères je ramenais
des vierges choisies et des femmes célèbres dans
leur pays à cause de leur beauté : je les jetais là
comme des fleurs après les avoir respirées un instant. Aucune ne me faisait naître l'idée de la
revoir. Présentes, je les regardais à peine ; ab-
sentes, je les avais aussitôt oubliées, Twea, Taia,
Amensé, Hont-Reché, que j'ai gardées par le dégoût d'en chercher d'autres qui m'eussent le lendemain été aussi indifférentes que celles-là, n'ont
jamais été entre mes bras que des fantômes vains,
que des formes parfumées et gracieuses, que des
êtres d'une autre race, auxquels ma nature ne
pouvait s'associer, pas plus que le léopard ne peut
s'unir à la gazelle, l'habitant des airs à l'habitant
des eaux ; et je pensais que, placé par les dieux
en dehors et au-dessus des mortels, je ne devais

partager ni leurs douleurs ni leurs joies. Un immense ennui, pareil à celui qu'éprouvent sans doute les momies qui, emmaillotées de bandelettes, attendent dans leurs cercueils, au fond des hypogées, que leur âme ait accompli le cercle des migrations, s'était emparé de moi sur mon trône, où souvent je restais les mains sur mes genoux comme un colosse de granit, songeant à l'impossible, à l'infini, à l'éternel. Bien des fois j'ai pensé à lever le voile d'Isis, au risque de tomber foudroyé aux pieds de la déesse. « Peut-être, me di-« sai-je, cette figure mystérieuse est-elle la figure « que je rêve, celle qui doit m'inspirer de l'amour. « Si la terre me refuse le bonheur, j'escaladerai le « ciel.... » Mais je t'ai aperçue ; j'ai éprouvé un sentiment bizarre et nouveau ; j'ai compris qu'il existait en dehors de moi un être nécessaire, impérieux, fatal, dont je ne saurais me passer, et qui avait le pouvoir de me rendre malheureux. J'étais un roi, presque un dieu ; ô Tahoser! tu as fait de moi un homme! »

Jamais peut-être Pharaon n'avait prononcé un si long discours. Habituellement un mot, un geste, un clignement d'œil, lui suffisaient pour manifester sa volonté, aussitôt devinée par mille regards attentifs, inquiets. L'exécution suivait sa pensée comme l'éclair suit la foudre. Pour Tahoser, il semblait avoir renoncé à sa majesté granitique; il parlait, il s'expliquait comme un mortel.

Tahoser était en proie à un trouble singulier. Quoiqu'elle fût sensible à l'honneur d'avoir inspiré de l'amour au préféré de Phré, au favori d'Amoun-Ra, au conculcateur des peuples, à l'être effrayant, solennel et superbe, vers qui elle osait à peine lever les yeux, elle n'éprouvait pour lui aucune sympathie, et l'idée de lui appartenir lui inspirait une épouvante répulsive. A ce Pharaon qui avait enlevé son corps, elle ne pouvait donner son âme restée avec Poëri et Ra'hel, et, comme le roi paraissait attendre une réponse, elle dit :

« Comment se fait-il, ô roi! que parmi toutes les filles d'Égypte ton regard soit tombé sur moi, que tant d'autres surpassent en beauté, en talents et en dons de toutes sortes? Comment, au milieu des touffes de lotus blancs, bleus et roses, à la corolle ouverte, au parfum suave, as-tu choisi l'humble brin d'herbe que rien ne distingue?

— Je l'ignore; mais sache que toi seule existes au monde pour moi, et que je ferai les filles de roi tes servantes.

— Et si je ne t'aimais pas? dit timidement Tahoser.

— Que m'importe? si je t'aime, répondit Pharaon; est-ce que les plus belles femmes de l'univers ne se sont pas couchées en travers de mon seuil, pleurant et gémissant, s'égratignant les joues, se meurtrissant le sein, s'arrachant les cheveux, et ne sont pas mortes implorant un regard d'amour qui n'est pas descendu? La passion d'une autre n'a jamais fait palpiter ce cœur d'airain dans cette poitrine marmoréenne; résiste-moi, hais-moi, tu n'en seras que plus charmante; pour la première fois, ma volonté rencontrera un obstacle, et je saurai le vaincre.

— Et si j'en aimais un autre? » continua Tahoser enhardie.

A cette supposition, les sourcils de Pharaon se contractèrent; il mordit violemment sa lèvre inférieure, où ses dents laissèrent des marques blanches, et il serra jusqu'à lui faire mal les doigts de la jeune fille, qu'il tenait toujours; puis il se calma et dit d'une voix lente et profonde :

« Quand tu auras vécu dans ce palais, au milieu de ces splendeurs, entourée de l'atmosphère de mon amour, tu oublieras tout, comme oublie celui qui mange le népenthès. Ta vie passée te semblera un rêve; tes sentiments antérieurs s'évaporeront comme l'encens sur le charbon de l'amschir; la femme aimée d'un roi ne se souvient plus des hommes. Va, viens, accoutume-toi aux magnificences pharaoniques, puise à même mes trésors, fais couler l'or à flots, amoncelle les pierreries, commande, fais, défais, abaisse, élève, sois ma maîtresse, ma femme et ma reine. Je te donne l'Égypte avec ses prêtres, ses armées, ses laboureurs, son peuple innombrable, ses palais, ses temples, ses villes ; frippe-la comme un morceau de gaze ; je t'aurai d'autres royaumes, plus grands, plus beaux, plus riches. Si le monde ne te suffit pas, je conquerrai des planètes, je détrônerai des dieux. Tu es celle que j'aime. Tahoser, la fille de Pétamounoph, n'existe plus. »

XIV

Quand Ra'hel s'éveilla, elle fut surprise de ne plus trouver Tahoser à côté d'elle, et promena ses regards autour de la chambre, croyant que l'Égyptienne s'était déjà levée. Accroupie dans un coin, Thamar, les bras croisés sur les genoux, la tête posée sur ses bras, oreiller osseux, dormait ou plutôt faisait semblant de dormir ; car, à travers les mèches grises de sa chevelure en désordre qui ruisselaient jusqu'à terre, on eût pu entrevoir ses prunelles fauves comme celles d'un hibou, phosphorescentes de joie maligne et de méchanceté satisfaite.

« Thamar, s'écria Ra'hel, qu'est devenue Tahoser ? »

La vieille, comme si elle se fût éveillée en sursaut à la voix de sa maîtresse, déplia lentement ses membres d'araignée, se dressa sur ses pieds, frotta à plusieurs reprises ses paupières bistrées avec le dos de sa main jaune plus sèche que celle d'une momie, et dit d'un air d'étonnement très-bien joué :

« Est-ce qu'elle n'est plus là?

— Non, répondit Ra'hel, et, si je ne voyais encore sa place creusée sur le lit à côté de la mienne, et pendue à cette cheville la robe qu'elle a quittée, je croirais que les bizarres événements de cette nuit n'étaient que les illusions d'un rêve. »

Quoiqu'elle sût parfaitement à quoi s'en tenir sur la disparition de Tahoser, Thamar souleva un bout de draperie tendu à l'angle de la chambre, comme si l'Égyptienne eût pu se cacher derrière; elle ouvrit la porte de la cabane, et, debout sur le seuil, explora minutieusement du regard les environs, puis, se retournant vers l'intérieur, elle fit à sa maîtresse un signe négatif.

« C'est étrange, dit Ra'hel pensive.

— Maîtresse, dit la vieille en se rapprochant de la belle Israélite avec des façons doucereuses et câlines, tu sais que cette étrangère m'avait déplu.

— Tout le monde te déplaît, Thamar, répondit Ra'hel en souriant.

— Excepté toi, maîtresse, dit la vieille en portant à ses lèvres la main de la jeune femme.

— Oh! je le sais, tu m'es dévouée.

— Je n'ai jamais eu d'enfants, et parfois me figure que je suis ta mère.

— Bonne Thamar ! dit Ra'hel attendrie.

— Avais-je tort, continua Thamar, de trouver son apparition étrange? Sa disparition l'explique. Elle se disait Tahoser, fille de Pétamounoph ; ce n'était qu'un démon ayant pris cette forme pour séduire et tenter un enfant d'Israël. As-tu vu comme elle s'est troublée lorsque Poëri a parlé contre les idoles de pierre, de bois et de métal ; et comme elle a eu de la peine à prononcer ces paroles : « Je tâcherai de croire à ton Dieu. » On eût dit que le mot lui brûlait les lèvres comme un charbon.

— Ses larmes qui tombaient sur mon cœur étaient bien de vraies larmes, des larmes de femme, dit Ra'hel.

— Les crocodiles pleurent quand ils veulent, et les hyènes rient pour attirer leur proie, continua la vieille; les mauvais esprits qui rôdent la nuit parmi les pierres et les ruines savent bien des ruses et jouent tous les rôles.

— Ainsi, selon toi, cette pauvre Tahoser n'était qu'un fantôme animé par l'enfer?

— Assurément, répondit Thamar; est-il vraisemblable que la fille du grand prêtre Pétamounoph se soit éprise de Poëri, et l'ait préféré à Pharaon, qu'on prétend amoureux d'elle? »

Ra'hel, qui ne mettait personne au monde au-dessus de Poëri, ne trouvait pas la chose si invraisemblable.

« Si elle l'aimait autant qu'elle le disait, pourquoi s'est-elle sauvée lorsque, avec ton consentement, il l'admettait comme seconde épouse? C'est la condition de renoncer aux faux dieux et d'adorer Jéhovah qui a mis en fuite ce diable déguisé.

— En tout cas, dit Ra'hel, ce démon avait la voix bien douce et les yeux bien tendres. »

Au fond Ra'hel n'était peut-être pas très-mécontente de la disparition de Tahoser. Elle gardait tout entier le cœur dont elle avait bien voulu céder la moitié, et la gloire du sacrifice lui restait.

Sous prétexte d'aller aux provisions, Thamar sortit et se dirigea vers le palais du roi; dont sa cupidité n'avait pas oublié la promesse; elle s'était munie d'un grand sac de toile grise pour le remplir d'or.

Quand elle se présenta à la porte du palais, les soldats ne la battirent plus comme la première fois; elle avait déjà du crédit, et l'oëris de garde la fit entrer tout de suite. Timopht la conduisit au Pharaon.

Lorsqu'il aperçut l'immonde vieille qui rampait vers son trône comme un insecte à moitié écrasé, le roi se souvint de sa promesse et donna ordre qu'on ouvrit une des chambres de granit à la Juive, et qu'on l'y laissât prendre autant d'or qu'elle en pourrait porter.

Timopht, en qui Pharaon avait confiance, et qui connaissait le secret de la serrure, ouvrit la porte de pierre.

L'immense tas d'or étincela sous un rayon de soleil ; mais l'éclair du métal ne fut pas plus brillant que le regard de la vieille ; ses prunelles jaunirent et scintillèrent étrangement. Après quelques minutes de contemplation éblouie, elle releva les manches de sa tunique rapiécée, mit à nu ses bras secs, dont les muscles saillaient comme des cordes, et que plissaient à la saignée d'innombrables rides ; puis elle ouvrit et referma ses doigts recourbés, pareils à des serres de griffon, et se lança sur l'amas de sicles d'or avec une avidité farouche et bestiale.

Elle se plongeait dans les lingots jusqu'aux épaules, les brassait, les agitait, les roulait, les faisait sauter ; ses lèvres tremblaient, ses narines se dilataient, et sur son échine convulsive couraient des frissons nerveux. Enivrée, folle, secouée de trépidations et de rires spasmodiques, elle jetait des poignées d'or dans son sac en disant : « Encore ! encore ! encore ! » tant qu'il fut bientôt plein jusqu'à l'ouverture. Timopht, que le spectacle amusait, la laissait faire, n'imaginant pas que ce spectre décharné pût remuer ce poids énorme ; mais Thamar lia d'une corde le sommet de son sac, et, à la grande surprise de l'Égyptien, le chargea sur son dos. L'avarice prêtait à cette carcasse délabrée des forces inconnues : tous les muscles, tous les nerfs, toutes les fibres des bras, du cou, des épaules, tendus à rompre, soutenaient une masse de métal qui eût fait plier le plus robuste porteur de la race Nahasi ; le front penché comme celui d'un bœuf quand le soc de la charrue a rencontré une pierre. Thamar, dont les jambes titubaient, sortit du palais, se heurtant aux murs, marchant presque à quatre pattes, car souvent elle envoyait ses mains à terre pour ne pas être écrasée sous le poids ; mais enfin elle sortit, et la charge d'or lui appartenait légitimement.

Haletante, épuisée, couverte de sueur, le dos meurtri, les doigts coupés, elle s'assit à la porte du palais sur son bienheureux sac, et jamais siége ne lui parut plus moelleux.

Au bout de quelque temps elle aperçut deux Israélites qui passaient avec une civière, revenant de porter quelque fardeau ; elle les appela, et, en leur promettant une bonne récompense, elle les détermina à se charger du sac et à la suivre.

Les deux Israélites, que Thamar précédait, s'engagèrent dans les rues de Thèbes, arrivèrent aux terrains vagues, mamelonnés de cahutes en boue, et déposèrent le sac dans l'une d'elles. Thamar leur donna, quoique en rechignant, la récompense promise.

Cependant Tahoser avait été installée dans un appartement splendide, un appartement royal, aussi beau que celui de Pharaon. D'élégantes colonnes à chapiteaux de lotus soutenaient le plafond étoilé, qu'encadrait une corniche à palmettes bleues peintes sur un vernis d'or ; des panneaux lilas tendre, avec des filets verts terminés par des boutons de fleurs, dessinaient leurs symétries sur les murailles. Une fine natte recouvrait les dalles; des canapés incrustés de plaquettes de métal alternant avec des émaux, et garnis d'étoffes à fond noir semé de cercles rouges ; des fauteuils à pied de lion, dont le coussin débordait sur le dossier ; des escabeaux formés de cols de cygne enlacés, des piles de carreaux en cuir pourpre gonflés de barbe de chardon, des sièges où l'on pouvait s'asseoir deux, des tables de bois précieux que contenaient des statues de captifs asiatiques, composaient l'ameublement.

Sur des socles richement sculptés posaient de grands vases et de larges cratères d'or, d'un prix inestimable, dont le travail l'emportait sur la matière. L'un deux, effilé à la base, était soutenu par deux têtes de chevaux s'encapuchonnant sous leur harnais à frange. Deux tiges de lotus retombant avec grâce par-dessus deux rosaces formaient les anses ; des ibex hérissaient le couvercle de leurs oreilles et de leurs cornes, et sur la panse couraient, parmi des hampes de papyrus, des gazelles poursuivies.

Un autre, non moins curieux, avait pour couvercle une tête monstrueuse de Typhon, coiffée de palmes et grimaçant entre deux vipères ; ses flancs étaient ornés de feuilles et de zones denticulées.

L'un des cratères, qu'élevaient en l'air deux personnages mitrés, vêtus de robes à larges bordures, qui, d'une main, soutenaient l'anse, et, de l'autre, le pied, étonnait par sa dimension énorme, par la valeur et le fini de ses ornements.

L'autre, plus simple et plus pur de forme peut-être, s'évasait gracieusement, et des chacals, posant leurs pattes sur son bord comme pour y boire, lui dessinaient des anses avec leur corps svelte et souple.

Des miroirs de métal entouré de figures difformes, comme pour donner à la beauté qui s'y regardait le plaisir du contraste, des coffres en bois de cèdre ou de sycomore ornementés et peints, des coffrets en terre émaillée, des buires d'albâtre, d'onyx et de verre, des boites d'aromates, témoignaient de la magnificence de Pharaon à l'endroit de Tahoser.

Avec les choses précieuses que contenait cette chambre, on eût pu payer la rançon d'un royaume.

Assise sur un siége d'ivoire, Tahoser regardait les étoffes et les bijoux que lui montraient de jeunes filles nues éparpillant les richesses contenues dans les coffres.

Tahoser sortait du bain, et les huiles aromatiques dont on l'avait frottée assouplissaient encore la pulpe moelleuse et fine de sa peau. Sa chair prenait des transparences d'agate, et la lumière semblait la traverser ; elle était d'une beauté surhumaine, et, quand elle fixa sur le métal bruni du miroir ses yeux avivés d'antimoine, elle ne put s'empêcher de sourire à son image.

Une large robe de gaze enveloppait son beau corps sans le cacher, et pour tout ornement elle portait un collier composé de cœurs en lapis-lazuli, surmontés de croix et suspendus à un fil de perles d'or.

Pharaon parut sur le seuil de la salle ; une vipère d'or ceignait son épaisse chevelure, et une calasiris, dont les plis ramenés par devant formaient la pointe, lui entourait le corps de la ceinture aux genoux. Un seul gorgerin cerclait son cou aux muscles invaincus.

En apercevant le roi, Tahoser voulut se lever de son siége et se prosterner ; mais Pharaon vint à elle, la releva et la fit asseoir.

« Ne t'humilie pas ainsi, Tahoser, lui dit-il d'une voix douce ; je veux que tu sois mon égale : il m'ennuie d'être seul dans l'univers ; quoique je sois tout-puissant et que je t'aie en ma possession, j'attendrai que tu m'aimes comme si je n'étais qu'un homme. Écarte toute crainte ; sois une femme avec ses volontés, ses sympathies, ses antipathies, ses caprices ; je n'en ai jamais vu ; mais, si ton cœur parle enfin pour moi, pour que je le sache, tends-moi, quand j'entrerai dans ta chambre, la fleur de lotus de ta coiffure. »

Quoi qu'il fît pour l'empêcher, Tahoser se précipita aux genoux du Pharaon et laissa tomber une larme sur ses pieds nus.

« Pourquoi mon âme est-elle à Poëri ? » se disait-elle en reprenant sa place sur son siége d'ivoire.

Timopht, mettant une main à terre et l'autre sur sa tête, pénétra dans la chambre :

« Roi, dit-il, un personnage mystérieux demande à te parler. Sa barbe immense descend jusqu'à son ventre ; des cornes luisantes bossellent son front dénudé, et ses yeux brillent comme des flammes. Une puissance inconnue le précède, car tous les gardes s'écartent et toutes les portes s'ouvrent devant lui. Ce qu'il dit, il faut le faire, et je suis venu à toi au milieu de tes plaisirs, dût la mort punir mon audace.

— Comment s'appelle-t-il ? » dit le roi.

Timopht répondit : « Mosché. »

XV

Le roi passa dans une autre salle pour recevoir Mosché, et s'assit sur un trône dont les bras étaient formés par des lions ; il entoura son cou d'un large pectoral, saisit son sceptre et prit une pause de superbe indifférence.

Mosché parut : un autre Hébreu, nommé Aharon, l'accompagnait. Quelque auguste que fût le Pharaon sur son trône d'or, entouré de ses oëris et de ses flabellifères, dans cette haute salle aux colonnes énormes, sur ce fond de peinture représentant les hauts faits de ses aïeux ou les siens, Mosché n'était pas moins imposant : la majesté de l'âge équivalait chez lui à la majesté royale ; quoiqu'il eût quatre-vingts ans, il semblait d'une vigueur toute virile, et rien en lui ne trahissait les décadences de la sénilité. Les rides de son front et de ses joues, pareilles à des traces de ciseau sur du granit, le rendaient vénérable, sans accuser la date des années ; son cou brun et plissé se rattachait à ses fortes épaules par des muscles décharnés, mais puissants encore, et un lacis de veines drues se tordait sur ses mains, que n'agitait pas le tremblement habituel aux vieillards. Une âme plus énergique que l'âme humaine vivifiait son corps, et sur sa face brillait, même dans l'ombre, une lueur singulière. On eût dit le reflet d'un soleil invisible.

Sans se prosterner, comme c'était l'habitude lorsqu'on approchait du roi, Mosché s'avança vers le trône de Pharaon et lui dit :

« Ainsi a parlé l'Éternel, le Dieu d'Israël :
« Laisse aller mon peuple, pour qu'il me célèbre
« une solennité au désert. »

Pharaon répondit : « Qui est l'Éternel dont je dois écouter la voix pour laisser partir Israël ? Je ne connais pas l'Éternel, et je ne laisserai pas partir Israël. »

Sans se laisser intimider par les paroles du roi, le grand vieillard répéta avec netteté, car l'ancien bégayement dont il était affligé avait disparu :

« Le Dieu des Hébreux s'est manifesté à nous. Nous voulons donc aller à une distance de trois jours dans le désert et y sacrifier à l'Éternel, notre Dieu, de peur qu'il ne nous frappe de la peste ou du glaive. »

Aharon confirma par un signe de tête la demande de Mosché.

« Pourquoi détournez-vous le peuple de ses occupations? répondit le Pharaon. Allez à vos travaux. Heureusement pour vous que je suis aujourd'hui d'humeur clémente, car j'aurais pu vous faire battre de verges, couper le nez et les oreilles, jeter tout vif aux crocodiles. Sachez, je veux bien vous le dire, qu'il n'y a d'autre dieu qu'Ammon-Ra, l'être suprême et primordial, à la fois mâle et femelle, son propre père et sa propre mère, dont il est aussi le mari ; de lui découlent tous les autres dieux qui relient le ciel à la terre, et ne sont que des formes de ces deux principes constituants; les sages le connaissent, et les prêtres qui ont longtemps étudié les mystères dans les colléges et au fond des temples consacrés à ses représentations diverses. N'alléguez donc pas un autre dieu de votre invention pour émouvoir les Hébreux à la révolte et les empêcher d'accomplir la tâche imposée. Votre prétexte de sacrifice est transparent : vous voulez fuir; retirez-vous de devant ma face et continuez à mouler l'argile pour mes édifices royaux et sacerdotaux, pour mes pyramides, mes palais et mes murailles. Allez ; j'ai dit. »

Mosché, voyant qu'il ne pouvait émouvoir le

cœur du Pharaon, et que, s'il insistait, il exciterait sa colère, se retira en silence, suivi d'Aharon consterné.

« J'ai obéi aux ordres de l'Éternel, dit Mosché à son compagnon lorsqu'il eut franchi le pylône : mais Pharaon est resté insensible comme si j'eusse parlé à ces hommes de granit assis sur des trônes à la porte des palais, ou à ces idoles à tête de chien, de singe ou d'épervier, qu'encensent les prêtres au fond des sanctuaires. Qu'allons-nous répondre au peuple quand il nous interrogera sur le succès de notre mission? »

Pharaon, craignant que les Hébreux n'eussent l'idée de secouer le joug d'après les suggestions de Mosché, les fit travailler plus durement encore et leur refusa la paille pour mêler à leurs briques. Aussi les enfants d'Israël se répandirent-ils par toute l'Égypte, arrachant le chaume et maudissant les exacteurs, car ils se trouvaient très-malheureux et ils disaient que les conseils de Mosché avaient redoublé leur misère.

Un jour Mosché et Aharon reparurent au palais et sommèrent encore une fois le roi de laisser partir les Hébreux, pour aller sacrifier à l'Éternel, dans le désert.

« Qui me prouve, répondit Pharaon, que vraiment l'Éternel vous envoie vers moi pour me dire ces choses et que vous n'êtes pas, comme je l'imagine, de vils imposteurs? »

Aharon jeta son bâton devant le roi, et le bois commença à se tordre, à onduler, à se couvrir d'écailles, à remuer la tête et la queue, à se dresser et à pousser des sifflements horribles. Le bâton s'était changé en serpent. Il faisait bruire ses anneaux sur les dalles, gonflait sa gorge, dardait sa langue fourchue, et, roulant ses yeux rouges, semblait choisir la victime qu'il devait piquer.

Les oëris et les serviteurs rangés autour du trône restaient immobiles et muets d'effroi à la vue de ce prodige. Les plus braves avaient tiré à demi leur épée.

Mais Pharaon ne s'en émut aucunement ; un sourire dédaigneux voltigea sur ses lèvres, et il dit :

« Voilà ce que vous savez faire. Le miracle est mince et le prestige grossier. Qu'on fasse venir mes sages, mes magiciens et mes hiéroglyphites. »

Ils arrivèrent ; c'étaient des personnages d'un aspect formidable et mystérieux, la tête rasée, chaussés de souliers de byblos, vêtus de longues robes de lin, tenant en main des bâtons gravés d'hiéroglyphes ; ils étaient jaunes et desséchés comme des momies, à force de veilles, d'études et d'austérités; les fatigues des initiations successives se lisaient sur leurs visages, où les yeux seuls semblaient vivants.

Ils se rangèrent en ligne devant le trône de Pharaon, sans faire même attention au serpent qui frétillait, rampait et sifflait.

« Pouvez-vous, dit le roi, changer vos cannes en reptiles comme vient de le faire Aharon ?

— O roi! est-ce pour ce jeu d'enfant, dit le plus ancien de la bande, que tu nous as fait venir du fond des chambres secrètes, où, sous des plafonds constellés, à la lueur des lampes, nous rêvons, penchés sur des papyrus indéchiffrables, agenouillés devant des stèles hiéroglyphiques aux sens mystérieux et profonds, crochetant les secrets de la nature, calculant la force des nombres, portant notre main tremblante au bord du voile de la grande Isis ? Laisse-nous retourner, car la vie est courte, et à peine le sage a-t-il le temps de jeter à l'autre le mot qu'il a saisi; laisse-nous retourner à nos travaux; le premier jongleur, le psylle qui joue son air de flûte sur les places suffit à te contenter.

— Ennana, fais ce que je désire, » dit Pharaon au chef des hiéroglyphites et des magiciens.

Le vieil Ennana se retourna vers le collège des sages qui se tenaient debout, immobiles, et l'esprit déjà replongé dans l'abîme des méditations:

« Jetez vos cannes à terre en prononçant tout bas le mot magique. »

Les bâtons avec un bruit sec tombèrent ensemble sur les dalles, et les sages reprirent leur pose perpendiculaire, semblables aux statues adossées aux piliers des temples ; ils ne daignaient même pas regarder à leurs pieds si le prodige s'accomplissait, tellement ils étaient sûrs de la puissance de leur formule.

Et alors ce fut un étrange et horrible spectacle : les cannes se tordirent comme des branches de bois vert sur le feu ; leurs extrémités s'aplatirent en têtes, s'effilèrent en queues ; les unes restèrent lisses, les autres s'écaillèrent selon l'espèce du serpent. Cela grouillait, cela rampait, cela sifflait, cela s'enlaçait et se nouait hideusement. Il y avait des vipères portant la marque d'un fer de lance sur leur front écrasé, des cérastes aux protubérances menaçantes, des hydres verdâtres et visqueuses, des aspics aux crochets mobiles, des trigonocéphales jaunes, des orvets ou serpents de verre, des crotales au museau court, à la robe noirâtre, faisant sonner les osselets de leur queue; des amphisbènes marchant en avant et en arrière; des boas ouvrant leur large gueule capable d'en-

12.

gloutir le bœuf Apis ; des serpents aux yeux entourés de disques comme ceux des hiboux : le pavé de la salle en était couvert.

Tahoser, qui partageait le trône du Pharaon, levait ses beaux pieds nus et les ramenait sous elle, toute pâle d'épouvante.

« Eh bien, dit Pharaon à Mosché, tu vois que la science de mes hiéroglyphites égale ou surpasse la tienne : leurs bâtons ont produit des serpents comme celui d'Aharon. Invente un autre prodige, si tu veux me convaincre. »

Mosché étendit la main, et le serpent d'Aharon se précipita vers les vingt-quatre reptiles. La lutte ne fut pas longue : il eut bientôt englouti les affreuses bêtes, créations réelles ou apparentes des sages d'Égypte ; puis il reprit sa forme de bâton.

Ce résultat parut étonner Ennana. Il pencha la tête, réfléchit et dit, comme un homme qui se ravise :

« Je trouverai le mot et le signe. J'ai mal interprété le quatrième hiéroglyphe de la cinquième ligne perpendiculaire où se trouve la conjuration des serpents...... O roi ! as-tu encore besoin de nous ? dit tout haut le chef des hiéroglyphites. Il me tarde de reprendre la lecture d'Hermès Trismégiste, qui contient bien d'autres secrets que ces tours de passe-passe. »

Pharaon fit signe au vieillard qu'il pouvait se retirer, et le cortége silencieux rentra dans les profondeurs du palais.

Le roi revint au gynécée avec Tahoser. La fille du prêtre, effrayée et toute tremblante encore de ces prodiges, s'agenouilla devant lui et lui dit :

« O Pharaon! ne crains-tu pas d'irriter par ta résistance ce dieu inconnu auquel les Israélites veulent aller sacrifier dans le désert, à trois jours de distance? Laisse partir Mosché et ses Hébreux pour accomplir leurs rites, car peut-être l'Éternel, comme ils le nomment, éprouvera la terre d'Égypte et nous fera mourir.

—Quoi! cette jonglerie de reptiles t'épouvante! répondit Pharaon; ne vois-tu pas que mes sages ont produit des serpents avec leurs bâtons?

— Oui, mais celui d'Aharon les a dévorés, et c'est un mauvais présage.

—Qu'importe! ne suis-je pas le favori de Phré, le préféré d'Ammon-Ra? n'ai-je pas sous mes sandales l'effigie des peuples vaincus? D'un souffle je balayerai, quand je voudrai, toute cette engeance hébraïque, et nous verrons si leur Dieu saura les protéger !

— Prends garde, Pharaon, dit Tahoser, qui se

souvenait des paroles de Poëri sur la puissance de Jéhovah; ne laisse pas l'orgueil endurcir ton cœur. Ce Mosché et cet Aharon m'épouvantent; pour qu'ils affrontent ton courroux, il faut qu'ils soient soutenus par un dieu bien terrible!

— Si leur Dieu avait tant de puissance, dit Pharaon répondant à la crainte exprimée par Tahoser, les laisserait-il ainsi captifs, humiliés et pliant comme des bêtes de somme sous les plus durs travaux? Oublions donc ces vains prodiges et vivons en paix. Pense plutôt à l'amour que j'ai pour toi, et songe que Pharaon a plus de pouvoir que l'Éternel, chimérique divinité des Hébreux.

— Oui, tu es le conculcateur des peuples, le dominateur des trônes, et les hommes sont devant toi comme les grains de sable que soulève le vent du sud; je le sais, répliqua Tahoser.

— Et pourtant je ne puis me faire aimer de toi, dit Pharaon en souriant.

— L'ibex a peur du lion, la colombe redoute l'épervier, la prunelle craint le soleil, et je ne te vois encore qu'à travers les terreurs et les éblouissements; la faiblesse humaine est longue à se familiariser avec la majesté royale. Un dieu effraye toujours une mortelle.

— Tu m'inspires le regret, Tahoser, de n'être pas le premier venu, un oëris, un monarque, un prêtre, un agriculteur, ou moins encore. Mais, puisque je ne saurais faire du roi un homme, je peux faire de la femme une reine et nouer la vipère d'or à ton front charmant. La reine n'aura plus peur du roi.

— Même lorsque tu me fais asseoir près de toi, sur ton trône, ma pensée reste agenouillée à tes pieds. Mais tu es si bon, malgré ta beauté surhumaine, ton pouvoir sans borne et ton éclat fulgurant, que peut-être mon cœur s'enhardira et osera battre sur le tien. »

C'est ainsi que devisaient Pharaon et Tahoser; la fille du prêtre ne pouvait oublier Poëri, et cherchait à gagner du temps en flattant de quelque espoir la passion du roi. S'échapper du palais, aller retrouver le jeune Hébreu, était chose impossible. Poëri, d'ailleurs, acceptait son amour plutôt qu'il ne le partageait. Ra'hel, malgré sa générosité, était une dangereuse rivale, et puis la tendresse de Pharaon touchait la fille du prêtre; elle eût désiré l'aimer, et peut-être en était-elle moins loin qu'elle ne le croyait.

XVI

A quelques jours de là, Pharaon côtoyait le Nil, debout sur son char et suivi de son cortége ; il allait voir quel degré atteignait la crue du fleuve, lorsqu'au milieu du chemin se dressèrent comme deux fantômes Aharon et Mosché. Le roi retint ses chevaux, qui secouaient déjà leur bave sur la poitrine du grand vieillard immobile.

Mosché, d'une voix lente et solennelle, répéta son adjuration.

« Prouve par quelque miracle la puissance de ton Dieu, répondit le roi, et je t'accorde ta demande. »

Se tournant vers Aharon, qui le suivait à quelques pas, Mosché dit :

« Prends ton bâton et étends ta main sur les eaux des Égyptiens, sur leurs rivières, leurs fleuves, leurs lacs et leurs rassemblements d'eau ; qu'ils deviennent du sang ; il y aura du sang dans tout le pays d'Égypte, ainsi que dans les vases de bois et de pierre. »

Aharon brandit sa verge et en frappa l'eau du fleuve.

La suite de Pharaon attendait le résultat avec anxiété. Le roi, qui portait un cœur d'airain dans une poitrine de granit, souriait dédaigneusement, se fiant à la science de ses hiéroglyphites pour confondre ces magiciens étrangers.

Dès que le bâton de l'Hébreu, ce bâton qui avait été serpent, frappa le fleuve, les eaux commencèrent à se troubler et à bouillonner, leur couleur limoneuse s'altéra d'une façon sensible : des tons rougeâtres s'y mêlèrent, puis toute la masse prit une sombre couleur de pourpre, et le Nil parut comme un fleuve de sang roulant des vagues écarlates et brodant ses rives d'écumes roses. On eût dit qu'il reflétait un immense incendie ou un ciel flamboyant d'éclairs ; mais l'atmosphère était calme. Thèbes ne brûlait pas, et le bleu immuable s'étendait sur cette nappe rougie que tachetaient çà et là des ventres blancs de poissons morts. Les longs crocodiles squammeux, s'aidant de leurs pattes coudées, émergeaient du fleuve sur la rive, et les lourds hippopotames, pareils à des blocs de granit rose recouverts d'une lèpre de mousse noire, s'enfuyaient à travers les roseaux ou levaient au-dessus du fleuve leurs mufles énormes, ne pouvant plus respirer dans cette eau sanglante.

Les canaux, les viviers, les piscines, avaient pris les mêmes teintes, et les coupes pleines d'eau étaient rouges comme les cratères où l'on reçoit le sang des victimes.

Pharaon ne s'étonna pas de ce prodige, et il dit aux deux Hébreux :

« Ce miracle pourrait épouvanter une populace crédule et ignorante; mais il n'y a là rien qui me surprenne. Qu'on fasse venir Ennana et le collége des hiéroglyphites; ils vont refaire ce tour de magie. »

Les hiéroglyphites vinrent, leur chef en tête : Ennana jeta un regard sur le fleuve roulant des flots empourprés, et il vit de quoi il s'agissait.

« Remets les choses en l'état primitif, dit-il au compagnon de Mosché, que je refasse ton enchantement. »

Aharon frappa de nouveau le fleuve, qui reprit aussitôt sa couleur naturelle.

Ennana fit un signe d'approbation, comme un savant impartial qui rend justice a l'habileté d'un confrère. Il trouvait la chose bien faite pour quelqu'un qui n'avait pas eu, ainsi que lui, l'avantage d'étudier la sagesse dans les chambres mystérieuses du labyrinthe, où quelques rares initiés peuvent seuls parvenir, tant les épreuves à subir sont rebutantes.

« A mon tour, dit-il, maintenant. »

Et il étendit sur le Nil sa canne gravée de signes hiéroglyphiques, en marmotant quelques mots d'une langue si ancienne qu'elle ne devait déjà plus être comprise au temps de Ménei, le premier roi d'Égypte; une langue de sphinx, aux syllabes de granit.

Une immense nappe rouge s'étendit soudainement d'une rive à l'autre, et le Nil recommença à rouler ses ondes sanglantes vers la mer.

Les vingt-quatre hiéroglyphites saluèrent le roi comme s'ils allaient se retirer.

« Restez, » dit Pharaon.

Ils reprirent leur contenance impassible.

« N'as-tu pas d'autre preuve à me donner de ta mission que celle-là? Mes sages, comme tu vois, imitent assez bien tes prestiges. »

Sans paraître découragé des paroles ironiques du roi, Mosché lui dit :

« Dans sept jours, si tu n'es décidé à laisser aller les Israélites au désert pour sacrifier à l'Éternel selon leurs rites, je reviendrai et je ferai devant toi un autre miracle. »

Au bout de sept jours, Mosché reparut. Il dit à son serviteur Aharon les paroles de l'Éternel :

« Étends ta main avec ton bâton sur les rivières,
les fleuves, les étangs, et fais monter les grenouilles sur le pays d'Égypte. »

Aussitôt qu'Aharon eut fait le geste, du fleuve, des canaux, des rivières, des marais, surgirent des millions de grenouilles ; elles couvraient les champs et les chemins, sautaient sur les marches des temples et des palais, envahissaient les sanctuaires et les chambres les plus retirées ; et toujours des légions nouvelles succédaient aux premières apparues : il y en avait dans les maisons, dans les pétrins, dans les fours, dans les coffres ; on ne pouvait poser le pied nulle part sans en écraser une ; mues comme par des ressorts, elles bondissaient entre les jambes, à droite, à gauche, en avant, en arrière. A perte de vue, on les voyait clapoter, sauteler, passer les unes sur les autres : car déjà la place leur manquait, et leurs rangs s'épaississaient, s'entassaient, s'empilaient ; leurs innombrables dos verts formaient sur la campagne comme une prairie animée et vivante, où brillaient, pour fleurs, leurs yeux jaunes. Les animaux, chevaux, ânes, chèvres, effrayés et révoltés, fuyaient à travers champs, mais retrouvaient partout cette immonde pullulation.

Pharaon, qui du seuil de son palais contemplait cette marée montante de grenouilles d'un air ennuyé et dégoûté, en écrasait le plus qu'il pouvait du bout de son sceptre, et repoussait les autres de son patin recourbé. Peine inutile! de nouvelles venues, sorties on ne sait d'où, remplaçaient les mortes, plus grouillantes, plus coassantes, plus immondes, plus incommodes, plus effrontées, faisant saillir l'os de leur échine, fixant sur lui leurs gros yeux ronds, écarquillant leurs doigts palmés, ridant la peau blanche de leurs goîtres. Les sales bêtes semblaient douées d'intelligence, et leurs bancs étaient plus denses autour du roi que partout ailleurs.

L'inondation fourmillante montait, montait toujours; sur les genoux des colosses, sur les corniches des pylônes, sur le dos des sphinx et des criosphinx, sur l'entablement des temples, sur les épaules des dieux, sur le pyramidion des obélisques, les hideuses bestioles, le dos gonflé, les pattes reployées, avaient pris position; les ibis, qui d'abord, réjouis de cette aubaine inattendue, les piquaient de leurs longs becs et les avalaient par centaines, commençant à s'alarmer de cet envahissement prodigieux, s'envolaient au plus haut du ciel, avec des claquements de mandibules.

Aharon et Mosché triomphaient; Ennana, convoqué, paraissait réfléchir. Le doigt posé sur son front chauve, les yeux demi-fermés, on eût dit qu'il cherchait au fond de sa mémoire une formule magique oubliée.

Pharaon, inquiet, se tourna vers lui :

« Eh bien, Ennana ! A force de rêver, as-tu perdu la tête, et ce prodige serait-il au-dessus de la science ?

— Nullement, ô roi ! mais, quand on mesure l'infini, qu'on suppute l'éternité, et qu'on épelle l'incompréhensible, il peut arriver qu'on n'ait pas présent à l'esprit le mot baroque qui domine les reptiles, les fait naître ou les anéantit. Regarde bien ! Toute cette vermine va disparaître. »

Le vieil hiéroglyphite agita sa baguette et dit tout bas quelques syllabes.

En un instant, les champs, les places, les chemins, les quais du fleuve, les rues de la ville, les cours des palais, les chambres des maisons, furent nettoyés de leurs hôtes coassants et rendus à leur état primitif.

Le roi sourit, fier du pouvoir de ses magiciens.

« Ce n'est pas assez d'avoir rompu l'enchantement d'Aharon, dit Ennana ; je vais le refaire. »

Ennana agita sa baguette en sens inverse et prononça tout bas la formule contraire.

Aussitôt les grenouilles reparurent en plus grand nombre que jamais, sautillant et coassant ; en un clin d'œil la terre en fut couverte ; mais Aharon étendit son bâton, et le magicien d'Égypte ne put dissiper l'invasion provoquée par ses enchantements. Il eut beau redire les mots mystérieux, l'incantation avait perdu sa puissance.

Le collége des hiéroglyphites se retira rêveur et confus, poursuivi par l'immonde fléau. Les sourcils de Pharaon se contractèrent de fureur ; mais il resta dans son endurcissement, et ne voulut pas obtempérer à la supplication de Mosché. Son orgueil essaya de lutter jusqu'au bout contre le Dieu inconnu d'Israël.

Cependant, ne pouvant se débarrasser de ces horribles bêtes, Pharaon promit à Mosché, s'il intercédait pour lui près de son Dieu, d'accorder aux Hébreux la liberté de sacrifier dans le désert.

Les grenouilles moururent ou rentrèrent sous les eaux ; mais le cœur de Pharaon s'appesantit, et, malgré les douces remontrances de Tahoser, il ne tint pas sa promesse.

Alors ce fut sur l'Égypte un déchaînement de fléaux et de plaies ; une lutte insensée s'établit entre les hiéroglyphites et les deux Hébreux dont ils répétaient les prodiges. Mosché changea toute la poussière d'Égypte en insectes, Ennana en fit autant. Mosché prit deux poignées de suie et les lança vers le ciel devant le Pharaon ; et aussitôt une peste rouge, des feux ardents s'attachèrent à la peau du peuple d'Égypte, respectant les Hébreux.

« Imite ce prodige, s'écria Pharaon hors de lui, et rouge comme s'il avait eu sur la face le reflet d'une fournaise, en s'adressant au chef des hiéroglyphites.

— A quoi bon? répondit le vieillard d'un ton découragé; le doigt de l'Inconnu est dans tout ceci. Nos vaines formules ne sauraient prévaloir contre cette force mystérieuse. Soumets-toi, et laisse-nous rentrer dans nos retraites pour étudier ce Dieu nouveau, cet Éternel plus puissant qu'Ammon-Ra, qu'Osiris et que Typhon ; la science d'Égypte est vaincue, l'énigme que garde le sphinx n'a pas de mot, et la grande Pyramide ne recouvre que le néant de son énorme mystère. »

Comme Pharaon refusait toujours de laisser partir les Hébreux, tout le bétail des Égyptiens fut frappé de mort; les Israélites n'en perdirent pas une seule tête.

Un vent du sud s'éleva et souffla toute la nuit, et lorsqu'au matin le jour parut, un immense nuage roux voilait le ciel d'un bout à l'autre ; à travers ce brouillard fauve, le soleil luisait rouge comme un bouclier dans la forge, et semblait dépouillé de rayons.

Ce nuage différait des autres nuages ; il était vivant, et bruissait, et battait des ailes, et s'abattait sur la terre, non en grosses gouttes de pluie, mais en bancs de sauterelles roses, jaunes et vertes, plus nombreuses que les grains de sable au désert libyque; elles se succédaient par tourbillons, comme la paille que disperse l'orage; l'air en était obscurci, épaissi; elles comblaient les fossés, les ravines, les cours d'eau, éteignaient sous leurs masses les feux allumés pour les détruire; elles se heurtaient aux obstacles et s'y amoncelaient, puis les débordaient. Ouvrait-on la bouche, on en respirait une; elles se logeaient dans les plis des vêtements, dans les cheveux, dans les narines; leurs épaisses colonnes faisaient rebrousser les chars, renversaient le passant isolé et le recouvraient bientôt; leur formidable armée, sautelant et battant de l'aile, s'avançait sur l'Égypte, des Cataractes au Delta, occupant une largeur immense, fauchant l'herbe, réduisant les arbres à l'état de squelettes, dévorant les plantes jusqu'à la racine, et ne laissant derrière elles qu'une terre nue et battue comme une aire.

A la prière de Pharaon, Mosché fit cesser le fléau: un vent d'ouest, d'une violence extrême, emporta toutes les sauterelles dans la mer des Algues; mais ce cœur obstiné, plus dur que l'airain, le porphyre et le basalte, ne se rendit pas encore.

Une grêle, fléau inconnu à l'Égypte, tomba du ciel, parmi des éclairs aveuglants et des tonnerres à rendre sourd, par grêlons énormes, hachant tout, brisant tout, rasant le blé comme l'eût fait une faucille ; puis, des ténèbres noires, opaques, effrayantes, où les lampes s'éteignaient comme dans les profondeurs des syringes privées d'air, étendirent leurs nuages lourds sur cette terre d'Égypte si blonde, si lumineuse, si dorée sous son ciel d'azur, dont la nuit est plus claire que le jour des autres climats. Le peuple, épouvanté, se croyant déjà enveloppé par l'ombre impénétrable du sépulcre, errait à tâtons ou s'asseyait le long des propylées, poussant des cris plaintifs et déchirant ses habits.

Une nuit, nuit d'épouvante et d'horreur, un spectre vola sur toute l'Égypte, entrant dans chaque maison dont la porte n'était pas marquée de rouge, et tous les premiers-nés mâles moururent, le fils de Pharaon comme le fils du plus misérable paraschite ; et le roi, malgré tous ces signes terribles, ne voulait pas céder.

Il se tenait au fond de son palais, farouche, silencieux, regardant le corps de son fils étendu sur le lit funèbre à pieds de chacal, et ne sentant pas les larmes dont Tahoser lui baignait les mains.

Mosché se dressa sur le seuil de la chambre sans

que personne l'eût introduit, car tous les serviteurs s'étaient enfuis de côté et d'autre, et il répéta sa demande avec une solennité imperturbable.

« Allez ! dit enfin Pharaon ; sacrifiez à votre Dieu comme il vous conviendra. »

Tahoser sauta au cou du roi et lui dit :

« Je t'aime maintenant ; tu es un homme, et non un dieu de granit. »

XVII

Pharaon ne répondit pas à Tahoser; il regardait toujours d'un œil sombre le cadavre de son fils premier-né; son orgueil indompté se révoltait même en se soumettant. Dans son cœur, il ne croyait pas encore à l'Éternel, et il expliquait les plaies dont l'Égypte avait été frappée par le pouvoir magique de Mosché et d'Aharon, plus grand que celui de ses hiéroglyphites. L'idée de céder exaspérait cette âme violente et farouche; mais, quand même il eût voulu retenir les Israélites, son peuple effrayé ne l'eût pas permis; les Égyptiens ayant peur de mourir, tous eussent chassé ces étrangers, cause de leurs maux. Ils s'écartaient d'eux avec une terreur superstitieuse, et, lorsque le grand Hébreu passait, suivi d'Aharon, les plus braves s'enfuyaient, redoutant quelque nouveau prodige, et ils se disaient : « La verge de son compagnon va-t-elle encore se changer en serpent et s'enlacer autour de nous? »

Tahoser avait-elle donc oublié Poëri en jetant ses bras au cou de Pharaon? Nullement; mais elle sentait sourdre dans cette âme obstinée des projets de vengeance et d'extermination. Elle craignait des massacres où se fussent trouvés enveloppés le jeune Hébreu et la douce Ra'hel, une tuerie générale qui cette fois eût changé les eaux du Nil en véritable sang, et elle tâchait de détourner la colère du roi par ses caresses et ses douces paroles.

Le cortége funèbre vint prendre le corps du jeune prince pour l'emporter au quartier des Memnonia, où il devait subir les préparations de l'embaumement, qui durent soixante-dix jours. Pharaon le vit partir d'un air morne, et il dit, comme agité d'un pressentiment mélancolique :

« Voici que je n'ai plus de fils, ô Tahoser! si je meurs, tu seras reine d'Égypte.

— Pourquoi parles-tu de mort? dit la fille du prêtre; les années succéderont aux années sans laisser trace de leur passage sur ton corps robuste, et autour de toi les générations tomberont comme les feuilles autour d'un arbre qui reste debout.

— Moi, l'invincible, n'ai-je pas été vaincu? répondit Pharaon. A quoi sert que les bas-reliefs des temples et des palais me représentent armé du fouet et du sceptre, poussant mon char de guerre sur les cadavres, enlevant par leurs chevelures les nations soumises, si je suis obligé de céder aux sorcelleries de deux magiciens étrangers, si les dieux, auxquels j'ai élevé tant de temples immenses bâtis pour l'éternité, ne me défendent pas contre le Dieu inconnu de cette race obscure? Le prestige de ma puissance est à jamais détruit. Mes hiéroglyphites réduits au silence m'abandonnent ; mon peuple murmure ; je ne suis plus qu'un vain simulacre : j'ai voulu, et je n'ai pas pu. Tu avais bien raison de le dire tout à l'heure, Tahoser ; me voilà descendu au niveau des hommes. Mais, puisque tu m'aimes maintenant, je tâcherai d'oublier, et je t'épouserai quand seront terminées les cérémonies funèbres. »

Craignant de voir le Pharaon revenir sur sa parole, les Hébreux se préparaient au départ, et bientôt leurs cohortes s'ébranlèrent, conduites par une colonne de fumée pendant le jour, de flamme pendant la nuit. Elles s'enfoncèrent dans les solitudes sablonneuses entre le Nil et la mer des Algues, évitant les peuplades qui eussent pu s'opposer à leur passage.

Les tribus, l'une après l'autre, défilèrent devant

la statue de cuivre fabriquée par les magiciens, et qui a le pouvoir d'arrêter les esclaves en fuite. Mais cette fois le charme, infaillible depuis des siècles, n'opéra pas : l'Éternel l'avait rompu.

L'immense multitude s'avançait lentement, couvrant l'espace avec ses troupeaux, ses bêtes de somme chargées des richesses empruntées aux Égyptiens, traînant l'énorme bagage d'un peuple qui se déplace tout d'un coup ; l'œil humain ne pouvait atteindre ni la tête ni la queue de la colonne se perdant aux deux horizons sous un brouillard de poussière.

Si quelqu'un se fût assis sur le bord de la route pour attendre la fin du défilé, il aurait vu le soleil se lever et se coucher plus d'une fois ; il en passait, il en passait toujours !

Le sacrifice à l'Éternel n'était qu'un vain prétexte ; Israël quittait à jamais la terre d'Égypte, et la momie d'Yousouf, dans son cercueil peint et doré, s'en allait sur les épaules des porteurs qui se relayaient.

Aussi Pharaon entra dans une grande fureur, et il résolut de poursuivre les Hébreux qui s'enfuyaient. Il fit atteler six cents chars de guerre, convoqua ses commandants, serra autour de son corps sa large ceinture en peau de crocodile, remplit les deux carquois de son char de flèches et de javelines, arma son poignet du bracelet d'airain qui amortit le vibrement de la corde, et se mit en route, entraînant à sa suite tout un peuple de soldats.

Furieux et terrible, il pressait ses chevaux à outrance, et derrière lui les six cents chars retentissaient avec des bruits d'airain, comme des tonnerres terrestres. Les fantassins hâtaient le pas, et ne pouvaient suivre cette course impétueuse.

Souvent Pharaon était obligé de s'arrêter pour attendre le reste de son armée. Pendant ces stations, il frappait du poing le rebord du char, piétinait d'impatience et grinçait des dents. Il se penchait vers l'horizon, cherchant à deviner derrière le sable soulevé par le vent les tribus fuyardes des Hébreux, et pensant avec rage que chaque heure augmentait l'intervalle qui les séparait. Si ses oëris ne l'eussent retenu, il eût poussé toujours droit devant lui, au risque de se trouver seul contre tout un peuple.

Ce n'était plus la verte vallée d'Égypte que l'on traversait, mais des plaines mamelonnées de changeantes collines et striées d'ondes comme la face de la mer ; la terre écorchée laissait voir ses os ; des rocs anfractueux et pétris en formes bizarres, comme si des animaux gigantesques les eussent foulés quand la terre était encore à l'état de limon, au jour où le monde émergeait du chaos, bossuaient çà et là l'étendue et rompaient de loin en loin par de brusques ressauts la ligne plate de l'horizon, fondue avec le ciel dans une zone de brume rousse. A d'énormes distances s'élevaient des palmiers épanouissant leur éventail poudreux près de quelque source souvent tarie, dont les chevaux altérés fouillaient la vase de leurs narines sanglantes. Mais Pharaon, insensible à la pluie de feu qui ruisselait du ciel chauffé à blanc, donnait aussitôt le signal du départ, et coursiers, fantassins, se remettaient en marche.

Des carcasses de bœufs ou de bêtes de somme couchées sur le flanc, au-dessus desquelles tournaient des spirales de vautours, marquaient le passage des Hébreux et ne permettaient pas à la colère du roi de s'égarer.

Une armée alerte, exercée à la marche, va plus vite qu'une migration de peuple traînant après elle femmes, enfants, vieillards, bagages et tentes; aussi l'espace diminuait rapidement entre les troupes égyptiennes et les tribus israélites.

Ce fut vers Pi-ha'hirot, près de la mer des Algues, que les Égyptiens atteignirent les Hébreux. Les tribus étaient campées sur le rivage, et, quand le peuple vit étinceler au soleil le char d'or de

Pharaon suivi de ses chars de guerre et de son armée, il poussa une immense clameur d'épouvante, et se mit à maudire Mosché qui l'avait entraîné à sa perte.

En effet, la situation était désespérée.

Devant les Hébreux, le front de la bataille ; derrière, la mer profonde.

Les femmes se roulaient à terre, déchiraient leurs habits, s'arrachant les cheveux, se meurtrissant le sein. « Que ne nous laissais-tu en Égypte ? la servitude vaut encore mieux que la mort, et tu nous as emmenés au désert pour y périr : avais-tu donc peur de nous voir manquer de sépulcres ? » Ainsi vociféraient les multitudes furieuses contre Mosché, toujours impassible : les plus courageux se jetaient sur leurs armes et se préparaient à la défense ; mais la confusion était horrible, et les chars de guerre, en se lançant à travers cette masse compacte, devaient y faire d'affreux ravages.

Mosché étendit son bâton sur la mer après avoir invoqué l'Éternel ; et alors eut lieu un prodige que nul hiéroglyphite n'eût pu contrefaire. Il se leva un vent d'orient d'une violence extraordinaire, qui creusa l'eau de la mer des Algues comme le soc d'une charrue gigantesque, rejetant à droite et à gauche des montagnes salées couronnées de crêtes d'écume. Séparés par l'impétuosité de ce souffle irrésistible qui eût balayé les Pyramides comme des grains de poussière, les eaux se dressaient en murailles liquides et laissaient libre entre elles un large chemin où l'on pouvait passer à pied sec : à travers leur transparence, comme derrière un verre épais, on voyait les monstres marins se tordre, épouvantés d'être surpris par le jour dans les mystères de l'abîme.

Les tribus se précipitèrent par cette issue miraculeuse ; torrent humain coulant à travers deux rives escarpées d'eau verte. L'innombrable fourmilière tachait de deux millions de points noirs le fond livide du gouffre, et imprimait ses pieds sur la vase que raye seul le ventre des léviathans. Et le vent terrible soufflait toujours passant par-dessus la tête des Hébreux, qu'il eût couchés comme des épis, et retenant par sa pression les vagues amoncelées et rugissantes. C'était la respiration de l'Éternel qui séparait en deux la mer !

Effrayés de ce miracle, les Égyptiens hésitaient à poursuivre les Hébreux ; mais Pharaon, avec son courage altier que rien ne pouvait abattre, poussa ses chevaux qui se cabraient et se renversaient sur le timon, les fouaillant à tour de bras de son fouet à double lanière, les yeux pleins de sang, l'écume aux lèvres, et rugissant comme un lion dont la proie s'échappe! il les détermina enfin à entrer dans cette voie si étrangement ouverte !

Les six cents chars suivirent ; les derniers Israélites, parmi lesquels se trouvaient Poëri, Ra'hel et Thamar, se crurent perdus, voyant l'ennemi prendre le même chemin qu'eux; mais, lorsque les Égyptiens furent bien engagés, Mosché fit un signe : les roues des chars se détachèrent, et ce fut une horrible confusion de chevaux, de guerriers, se heurtant et s'entre-choquant ; puis les montagnes d'eau miraculeusement suspendues s'écroulèrent, et la mer se referma, roulant dans des tourbillons d'écume hommes, bêtes, chars, comme des pailles saisies par un remous au courant d'un fleuve.

Seul, Pharaon, debout dans la conque de son char surnageant, lançait, ivre d'orgueil et de fureur, les dernières flèches de son carquois aux Hébreux arrivant sur l'autre rive : les flèches épuisées, il prit sa javeline, et déjà plus qu'à moitié englouti, n'ayant plus que le bras hors de l'eau, il la darda, trait impuissant, contre le Dieu inconnu qu'il bravait encore du fond de l'abîme.

Une lame énorme, se roulant deux ou trois fois sur le bord de la mer, fit couler bas les derniers débris : de la gloire et de l'armée de Pharaon il ne restait plus rien !

Et sur le rivage opposé, Miriam, la sœur d'Aharon, exsultait et chantait en jouant du tambourin, et toutes les femmes d'Israël marquaient le rhythme sur la peau d'onagre. Deux millions de voix entonnaient l'hymne de délivrance!

XVIII

Tahoser attendit en vain Pharaon et régna sur l'Égypte, puis elle mourut au bout de peu de temps. On la déposa dans la tombe magnifique préparée pour le roi, dont on ne put retrouver le corps, et son histoire, écrite sur papyrus avec des têtes de chapitre en caractères rouges, par Kakevou, grammate de la double chambre de lumière et gardien des livres, fut placée à côté d'elle sous le lacis des bandelettes.

Était-ce Pharaon ou Poëri qu'elle regrettait? Le grammate Kakevou ne le dit pas, et le docteur Rumphius, qui a traduit les hiéroglyphes du grammate égyptien, n'a pas osé prendre sur lui de décider la question. Quant à lord Évandale, il n'a jamais voulu se marier, quoiqu'il soit le dernier de sa race. Les jeunes misses ne s'expliquent pas sa froideur à l'endroit du beau sexe; mais, en conscience, peuvent-elles imaginer que lord Évandale est rétrospectivement amoureux de Tahoser, fille du grand prêtre Pétamounoph, morte il y a trois mille cinq cents ans? Il y a pourtant des folies anglaises moins motivées que celle-là.

FIN

LIBRAIRIE DE L. HACHETTE ET Cie
Boulevard Saint-Germain, 77, à Paris.

DICTIONNAIRE UNIVERSEL
D'HISTOIRE ET DE GÉOGRAPHIE

CONTENANT

l'Histoire proprement dite, la Biographie universelle,
la Mythologie de tous les peuples, la Géographie ancienne et moderne.

PAR M.-N. BOUILLET

Auteur du *Dictionnaire universel des Sciences, des Lettres et des Arts*;

Ouvrage recommandé par le Conseil de l'Instruction publique pour les Lycées et Collèges
les Écoles normales primaires et les Écoles supérieures,

APPROUVÉ PAR Mgr L'ARCHEVÊQUE DE PARIS
ET AUTORISÉ PAR LE SAINT-SIÉGE

NOUVELLE ÉDITION ENTIÉREMENT REFONDUE

Un beau volume de plus de 2000 pages grand in-8, à deux colonnes.

PRIX DE L'OUVRAGE :

Broché, 21 fr.; cartonné en percaline gaufrée, 23 fr. 25.

A une époque où le besoin de s'instruire est universellement compris, les publications qui doivent être accueillies avec le plus de faveur sont assurément celles qui tendent à mettre à la portée du plus grand nombre les connaissances utiles à tous. A ce titre, aucun livre ne se recommande mieux que le *Dictionnaire universel d'Histoire et de Géographie*, qui remplace par un seul volume, du prix le plus modéré, vingt ouvrages dispendieux, et qui offre une foule de renseignements dont on sent plus que jamais tout le prix.

Nous avions déjà un grand nombre de dictionnaires spéciaux, consacrés les uns à l'histoire, à la mythologie ou à la biographie, les autres à la géographie; ceux-ci aux temps anciens, ceux-là aux temps modernes: nous n'en avions aucun qui rassemblât en un seul corps d'ouvrage toutes ces parties, si bien faites cependant pour aller ensemble, si propres à s'éclairer mutuellement. L'auteur du *Dictionnaire universel* s'est proposé de combler cette lacune. Il a voulu faire un livre qui, résumant et coordonnant tous les dictionnaires d'histoire, de mythologie, de biographie et de géographie, réunit en un seul corps des notions qu'on ne trouve qu'éparses et disséminées dans une foule d'ouvrages différents.

Pour bien faire connaître et apprécier le plan de ce livre et l'étendue des matières qu'il embrasse, il nous suffira de transcrire les développements donnés dans le titre même aux quatre grandes divisions qu'il comporte :

1° *Histoire proprement dite :* Résumé de l'histoire de tous les peuples, anciens et modernes, avec la série chronologique des souverains de chaque État; notices sur les institutions publiques, sur les assemblées délibérantes, sur les ordres monastiques, sur les ordres de chevalerie, civils ou militaires; sur les sectes religieuses, politiques, philosophiques; sur les grands événements historiques, tels que guerres, batailles, siéges, journées mémorables, conspirations, traités de paix, conciles, etc. (avec leur date précise); explication des titres de dignités, de fonctions, et de tous les termes spéciaux consacrés dans l'histoire;

2° *Biographie universelle :* Vie des hommes célèbres en tout genre : personnages historiques de tous les pays et de tous les temps, avec la généalogie des maisons souveraines et des grandes familles; saints et martyrs, avec le jour de leur fête; savants, artistes, écrivains, avec l'indication de leurs travaux, de leurs découvertes, de leurs opinions, de leurs systèmes, ainsi que des meilleures éditions et traductions qui ont été faites de leurs écrits;

3° *Mythologie :* Notices sur les divinités, les héros et les personnages fabuleux de tous les peuples, avec les diverses interprétations données aux principaux mythes et aux traditions mythologiques; articles sur les religions et les cultes divers; sur les fêtes, jeux, cérémonies publiques, mystères, ainsi que sur les livres sacrés de chaque nation;

4° *Géographie ancienne et moderne :* Géographie comparée, faisant connaître les divers noms de chaque pays, de chaque localité, dans l'antiquité, au moyen âge et dans les temps modernes; géographie physique et politique, avec les dernières divisions administratives, et avec la population telle qu'elle résulte des relevés officiels les plus récents; géographie industrielle et commerciale, indiquant les productions de chaque contrée, géographie historique, mentionnant les faits principaux qui se rattachent à chaque localité.

Quoique embrassant des objets si nombreux et si divers, le *Dictionnaire universel* a pu, sans dépasser les limites d'un volume portatif, être presque aussi complet pour chaque partie que chacun des dictionnaires spéciaux dont il tient lieu : c'est que, par le seul fait de la réunion en un même ouvrage de matières si étroitement liées entre elles, on évite de fréquentes répétitions.

Le *Dictionnaire universel* s'adresse à toutes les classes de lecteurs : aux uns, il rappellera des faits qu'ils ont pu savoir, mais qu'ils étaient près d'oublier; aux autres, il donnera de premières indications que viendront compléter des recherches plus approfondies; à tous, il fournira les moyens de vérifier un fait, de retrouver une date, de comprendre une allusion, et de lever à l'instant les mille difficultés qui se présentent à chaque pas dans la lecture ou la conversation.

L'ouvrage de M. Bouillet ne se recommande pas moins par le mérite de l'exécution que par son utilité. Dû à un auteur connu depuis longtemps par ses succès dans l'enseignement et par de savants écrits, ce livre est, comme on pourra le reconnaître, le fruit d'un grand nombre d'années de travail assidu et de recherches consciencieuses. A un style concis et clair à la fois, il unit une exactitude qui lui permet de faire autorité, une impartialité qui ne se dément jamais. Enfin, il est rédigé avec des ménagements qui doivent le faire admettre sans crainte dans les familles les plus scrupuleuses.

Cet ouvrage a obtenu un grand et légitime succès : jugé de la manière la plus favorable par les organes de la presse les plus accrédités, il n'a pas été moins bien accueilli du public, et en peu d'années il est parvenu à sa quatorzième édition. En même temps il méritait les suffrages des autorités les plus compétentes.

Le Conseil de l'instruction publique, appréciant le mérite du *Dictionnaire universel*, a, par une délibération spéciale, autorisé l'usage de ce livre, dès son apparition, pour les lycées et les colléges, les écoles primaires supérieures et les écoles normales[1]. De plus, M. Villemain, alors ministre, et sans contredit le meilleur juge de tout ce qui peut contribuer aux progrès des études, recommanda itérativement de le placer dans toutes les salles d'étude des lycées[2].

Une autre sanction, celle de l'autorité ecclésiastique, était également indispensable pour un ouvrage qui, contenant l'histoire abrégée de la Religion et des institutions religieuses, des différents cultes et de toutes les sectes, la biographie des Pères de l'Église, des saints et des martyrs, ainsi que celle des hérésiarques et des schismatiques, touche au dogme par une foule de points et peut à chaque pas soulever des questions épineuses. Après une révision sévère, accomplie de concert avec de savants théologiens, le *Dictionnaire universel d'Histoire et de Géographie* a mérité d'être approuvé par Mgr l'archevêque de Paris, et il l'a été dans des termes qui

---

1. Délibération du Conseil de l'instruction publique du 22 juillet 1842.

« Le Conseil de l'instruction publique est d'avis :
1° Qu'il y a lieu d'autoriser l'usage du *Dictionnaire universel d'Histoire et de Géographie* de M. Bouillet dans les Colléges, les Écoles normales primaires et les Écoles supérieures;
2° Que cet ouvrage pourrait en outre être recommandé à MM. les Proviseurs, et pris en petit nombre par les Colléges pour être consulté par les élèves ; dans chaque salle d'étude, par exemple, un exemplaire pourrait être déposé et mis à la disposition des pensionnaires. »

2. Circulaire adressée par M. le Ministre de l'instruction publique à MM. les Proviseurs, le 9 août 1842.

« M. le Proviseur, j'ai décidé en Conseil de l'Université, le 22 juillet dernier, que l'usage du *Dictionnaire universel d'Histoire et de Géographie*, de M. Bouillet, est autorisé pour les Colléges. Le Conseil, qui a jugé cet ouvrage digne d'une recommandation particulière, a exprimé le désir qu'il puisse en être pris par chaque collége un certain nombre d'exemplaires pour être consultés par les élèves. Dans chaque salle d'étude, par exemple, un exemplaire pourrait être mis à la disposition des pensionnaires.

Signé : Le Pair de France, Ministre de l'instruction publique, VILLEMAIN.»

Extrait de la Circulaire adressée par M. le Ministre de l'instruction publique à MM. les Recteurs, le 1er octobre 1844, en leur notifiant la liste des livres classiques.

« M. le Recteur..., Indépendamment des ouvrages prescrits, et dont l'acquisition est obligatoire, il en est d'autres, approuvés par le Conseil de l'Université, qu'il serait utile de mettre entre les mains des élèves. Le 9 août 1842, j'ai déjà appelé votre attention sur le *Dictionnaire universel d'Histoire et de Géographie*, de M. Bouillet. Les élèves des classes supérieures des lettres peuvent y trouver de précieuses ressources pour l'intelligence des sujets qu'ils ont à traiter. Je vous prie de recommander à MM. les Proviseurs d'en mettre quelques exemplaires à la disposition des pensionnaires.

Signé : Le Pair de France, Ministre de l'instruction publique, VILLEMAIN.»

ajoutent encore au prix d'un tel suffrage[1]. Enfin, après avoir reçu de nouvelles améliorations, il vient d'obtenir l'approbation de l'autorité la plus haute et la plus vénérée, celle du Saint-Siége[2]. Grâce à une si auguste sanction, cet ouvrage acquiert une valeur qu'il a été donné à bien peu de livres d'obtenir : faisant désormais autorité dans la Religion comme dans la Science, il pourra être consulté par tous les Fidèles avec une entière sécurité.

A la faveur des perfectionnements que l'auteur a pris soin d'apporter, d'édition en édition, dans le corps de l'ouvrage, le *Dictionnaire universel d'Histoire et de Géographie*, comme un registre sans cesse à jour, est tenu au courant des événements, et peut ainsi échapper au défaut ordinaire des livres de ce genre, qui, à peine terminés, sont déjà vieillis.

AUTRE OUVRAGE DU MÊME AUTEUR,
publié par la même librairie et aux mêmes conditions :

DICTIONNAIRE UNIVERSEL
DES SCIENCES, DES LETTRES ET DES ARTS
CONTENANT

Pour les Sciences : 1° les Sciences métaphysiques et morales ; 2° les Sciences mathématiques ; 3° les Sciences physiques et les Sciences naturelles ; 4° les Sciences médicales ; 5° les Sciences occultes.
Pour les Lettres : 1° la Grammaire ; 2° la Rhétorique ; 3° la Poétique ; 4° les différents genres de Littérature ; 5° les Études historiques.
Pour les Arts : 1° les Beaux-Arts et les Arts d'agrément ; 2° les Arts utiles.
1 beau volume de près de 1300 pages grand in-8, à deux colonnes.
   Ouvrage dont l'introduction dans les lycées est autorisée par M. le Ministre de l'instruction publique.

---

1. « Nous, Marie-Dominique-Auguste Sibour, par la miséricorde divine et la grâce du Saint-Siége apostolique, archevêque de Paris,
« Vu le rapport qui nous a été fait, après un examen attentif, sur l'ouvrage intitulé : *Dictionnaire universel d'Histoire et de Géographie*, par M. Bouillet :
« Déclarons que cet ouvrage ne renferme rien de contraire aux principes de la Morale et de la Religion.
« Nous croyons en outre que, par la multitude, la variété et l'exactitude des notions et renseignements qu'il renferme, ainsi que par l'heureuse précision avec laquelle il est rédigé, il offre un secours utile à toutes les classes de lecteurs et doit en particulier contribuer efficacement au succès des études classiques.
« Paris, le 28 décembre 1849. † M. D. Auguste, *Archevêque de Paris.* »
2. « DECRETUM FERIA V, DIE 14 DECEMBRIS 1854 :
« *Dictionnaire universel d'Histoire et de Géographie...,par M.-N. Bouillet, corrigé d'après les observations de la S. Congrégation de l'Index ;*
« PERMITTITUR editio vulganda Parisiis proximo mense januarii 1855...;
« Quibus sanctissimo Domino nostro Pio papæ IX relatis, SANCTITAS SUA *decretum probavit* et promulgari præcepit.
« Datum Romæ, die 22 decembris 1854. »

Paris. — Imprimerie générale de Ch. Lahure, rue de Fleurus, 9.

www.ingramcontent.com/pod-product-compliance
Lightning Source LLC
Chambersburg PA
CBHW071521160426
43196CB00010B/1602